Bernd Hill

BIONIK

1x1 des naturorientierten Erfindens

Knabe Verlag Weimar

BERND HILL wurde 1947 geboren. Er studierte an der PH/ Universität Erfurt im Schwerpunkt Polytechnik. 1987 promovierte er über Erfindungsmethodik, 1995 erfolgte seine Habilitation über Biostrategien und biologische Organisationsprinzipien an der Martin-Luther-Universität Halle. Von 1998 bis 2012 lehrte Prof. Hill an der Universität Münster im Fachbereich Physik, Institut für Technik und ihre Didaktik. In verschiedenen Unternehmen führt er Innovationskurse durch und bezieht die angewandte Bionik in systematische Produktentwicklungsprozesse ein. Seine Forschungstätigkeit bezieht sich auf Innovationsstrategien, technische Kreativität sowie systematische und angewandte Bionik.

BILDNACHWEIS

Illustrationen Prof. em. Dr. phil. habil. Prof. h.c. Bernd Hill;
Cover: Spinne groß: https://www.shutterstock.com/image-photo/scary-tarantula-spider-on-palm-leaf-2138224579; Spinne klein: https://www.shutterstock.com/de/image-illustration/robot-tarantula-3d-illustration-417266452; Seite 9: https://commons.wikimedia.org/w/index.php?curid=318054, Camille Flammarion, L' Atmosphère: Météorologie Populaire (Paris, 1888), pp. 163; Seite 83: generiert mit DALL-E Bildgenerator von OpenAI; Seite 84: https://www.pexels.com: Wilson Malone (li); Ahmed Akacha (re)

1. Auflage 2024

Grafische Bearbeitung, Satz und Layout Ute Schmidt, Rike Schmidt
Lektorat Friederike Andrees
Fachliches Lektorat Konrad Hahn
Druck und Bindung Jelgavas Tipografija SIA

Dieses Buch folgt den Regeln der neuen deutschen Rechtschreibung.
Printed in Latvia

ISBN 978-3-944575-49-0
www.knabe-verlag.de

Inhaltsverzeichnis

Alle Titel der Buchreihe (nach Erscheinen):

1. Die Natur als Ideenschmiede
2. Von Flugfrüchten abgeschaut
3. Leichtbau
4. Riesenseerose und Kristallpalast
5. Schmetterlingen abgeschaut
6. Vom Fliegen
7. Schätze aus dem Tropenwald
8. Schwimmen und Tauchen
9. Wärmedämmung
10. Seil- & Netzkonstruktionen
11. Klimatisierung und Lüftung
12. Schönheit der Natur
13. Tarnen und Täuschen
14. Wettrüsten der Sinne
15. Arznei und Kosmetik
16. Verpacken
17. Roboter und Prothesen
18. Bionik in Wald und Flur
19. Evolution in Natur und Technik
20. 1x1 des naturorientierten Erfindens

»Wenn ihr etwas für euch Neues kennenlernt,
so betrachtet es niemals als eine abgeschlossene
Entwicklung, sondern mit der
geistigen Grundhaltung: Alles ist verbesserbar,
alles lässt sich noch weiter optimieren!
Bringt dann, wenn es sich lohnt,
Mut und Kraft zur schöpferischen Tat auf!«

Manfred von Ardenne (1907–1997)
Deutscher Naturwissenschaftler,
Techniker und vielseitiger Erfinder

VORWORT

Lernen von der Natur

Mit dem nunmehr letzten Band »1x1 des naturorientierten Erfindens« endet die Bionik-Buchreihe unter dem Motto »Frag' die Natur«. Diese Reihe wendet sich an eine breite Leserschaft. Sie ist sowohl auf aktiven Wissenserwerb als auch auf das eigenständige Forschen, Entdecken, Experimentieren und Erfinden ausgerichtet. Durch Comics und Infoboxen wird die Wissensaneignung aufgelockert.

Der Leser lernt die Funktionalität, Vielfalt, Effizienz und Schönheit der Natur kennen. Interessante Sachverhalte stellen dabei Handlungsschritte für die Nutzung der Natur bei der Entwicklung technischer Lösungen vor.

Der Inhalt dieses Buches bietet mehr als einen Wissensschatz, denn er macht neugierig und fordert zum Hinterfragen, Beobachten, Modellieren und Konstruieren auf. Anschaulich werden Methoden des Problemerkennens und -lösens dargestellt, damit eigenes Entdecken und Erfinden möglich wird und Freiräume für Kreativität entstehen. So erschließt sich in praktischer Weise die faszinierende Welt der Naturphänomene. Im Buch sind Tiere mit Sprechblasen zu finden. Normalerweise können wir sie nicht verstehen. Wir versetzen uns aber in diesem Buch in sie hinein, damit die Tiere uns von sich berichten können. An manchen Stellen des Buches findet ihr Rätsel oder Denksportaufgaben. Hier sind eure Kreativität und euer Forscher- und Erfindergeist gefragt!

Die Bände enthalten:

- Sachinformationen über interessante und erstaunliche biologische und technische Phänomene,
- Abenteuer des Entdeckens und Erfindens in Form von Bildergeschichten,
- Denk- und Arbeitsweisen von Entdecker- und Erfinderpersönlichkeiten,
- Nützliche Methoden zur individuellen Erschließung von Natur und Technik,
- Spannende Experimente zur Erkenntnisgewinnung und Selbstbauanleitungen zur praktischen Erprobung.

Im fortlaufenden Text dienen folgende Symbole zur Orientierung:
Viel Spaß beim Lesen,
Forschen und Experimentieren.

Infobox zur Begriffserläuterung	Modelle
Methoden zur Erkenntnisgewinnung und -umsetzung	Experimente
Kreativitätstraining	Professor Bionikus macht auf wichtiges Merkwissen aufmerksam

1 EINLEITUNG

Mit Durchsetzungsvermögen Probleme lösen

»Es gibt nichts Einfacheres auf der Welt
als ein gelöstes Problem.«
Blaise Pascal (1623–1662)
Französischer Naturforscher, Mathematiker,
Physiker, Literat und Philosoph

Der französische Naturforscher Blaise Pascal richtete den Blick auf die Lösung von Problemen. Sind Lösungen einmal gefunden, werden sie im Laufe der Zeit selbstverständlich. Dabei gerät die Mühe in Vergessenheit, die die Suche nach ihnen einst gemacht hat – ganz zu schweigen von dem beschwerlichen Weg, der gegangen wurde, um diese Lösungen durchzusetzen. Wenn Ferdinand Magellan (1480–1521) und Christoph Kolumbus (1451–1506) nicht davon überzeugt gewesen wären, dass die Erde eine Kugel ist und es deshalb einen kürzeren Seeweg nach Indien geben müsse, dann wäre Amerika sicherlich erst viel später entdeckt worden. Oder hätte Galileo Galilei (1564–1642) sich nicht gegen die Überzeugung seiner Zeit gewandt, dass die Erde eine Scheibe sei, dann hätten wir bestimmt noch in heutiger Zeit Angst davor, über den Rand der Erdscheibe zu fallen.

Über den Tellerrand hinweg schauen (Flammrions Holzschnitt von 1888)

Hätte Albert Einstein (1879–1955) nicht genug Mut und Durchsetzungsvermögen besessen, um sich den anerkannten Lehrmeinungen seiner Zeit entgegenzustellen, wäre die Relativitätstheorie nicht entstanden und veröffentlicht worden. Selbst bedeutende Physiker zu Einsteins Lebzeiten haben sie als Unsinn abgetan, denn sie waren überzeugt, dass es theoretisch möglich sei, schneller als Licht zu sein. Einsteins Theorie widerspricht dem jedoch.

Ein weiteres Beispiel dafür, wie Durchsetzungsvermögen und der Mut, etwas Neues zu wagen, Großes hervorbringen können, ist der Londoner Kristallpalast. Der Palast wurde anlässlich der 1. Weltausstellung in London von dem Gärtner und Architekten Joseph Paxton (1803–1865) entworfen. Das Gebäude bestand überwiegend aus Gusseisen und Glas. Es war für die damalige Zeit

> **i Relativitätstheorie**
>
> Sie ist eine Theorie auf dem Gebiet der Physik und wurde von Einstein aufgestellt. Sie besagt u.a., dass die Zeit nicht immer gleich schnell vergeht. Beispielsweise kann eine Sekunde mal länger oder kürzer dauern. Das bedeutet, dass die Zeit eine relative Größe ist. Dazu ein Beispiel: Wir betrachten dazu Zwillinge von 40 Jahren.
>
> Während der eine mit einem superschnellen Raumschiff lange unterwegs im Weltraum ist und danach wieder auf der Erde landet, ist dieser langsamer gealtert als der andere, der zu Hause geblieben war. In bewegten Objekten wird die Zeit verlangsamt. Der Weltraumreisende ist nur 10 Jahre älter geworden, der zu Hause Gebliebene jedoch um 20 Jahre gealtert. Von der Geschwindigkeit eines Körpers hängt es daher ab, wie schnell die Zeit vergeht. Mit anderen Worten: Je schneller man bewegt wird, desto langsamer vergeht die Zeit. Das ist zwar ziemlich schwierig zu verstehen, aber durch Messungen konnte die Relativitätstheorie Einsteins bestätigt werden.

nicht nur ein modernes Gebäude mit einer einmaligen Raum- und Lichtkonzeption, sondern auch der Beginn einer zukunftsorientierten Montagebauweise aus vorher hergestellten Bauteilen. Gusseisen und Glas waren zu dieser Zeit neue Materialien für die Architektur. So musste auch Paxton Vorurteile überwinden. Von da an gab seine Materialauswahl der Architektur eine neue Entwicklungsrichtung. Die Schwimmblätter der Riesenseerose regten ihn zur Konstruktion der Kuppel an (vergleiche dazu Band 4 dieser Reihe »Riesenseerose und Kristallpalast«). Nicht nur für ihn, auch für viele andere Erfinder ist die Natur eine reichhaltige Ideenquelle.

TECHNISCHE PROBLEME NATURORIENTIERT LÖSEN

Technische Probleme naturorientiert zu lösen bedeutet, dass die lebende Natur auf mögliche technische Anwendungen erforscht und untersucht wird. Dadurch lässt sich so manches entdecken und in die Technik übertragen. Oft gelangen Forschende zur Erkenntnis, dass die Lösungen in Natur und Technik ziemlich ähnlich sind.

Der Hebel in Natur und Technik

Schnittmodell einer Salbeiblüte mit »Schlagbaummechanismus« zur Veranschaulichung des Bestäubungsvorganges

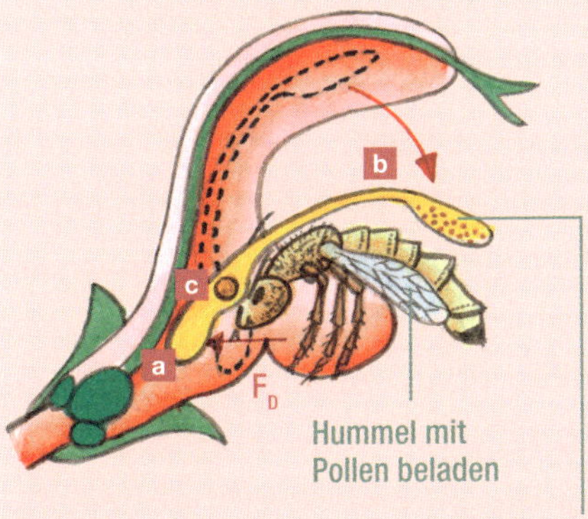

Antiker Weihwasserspender im Schnitt

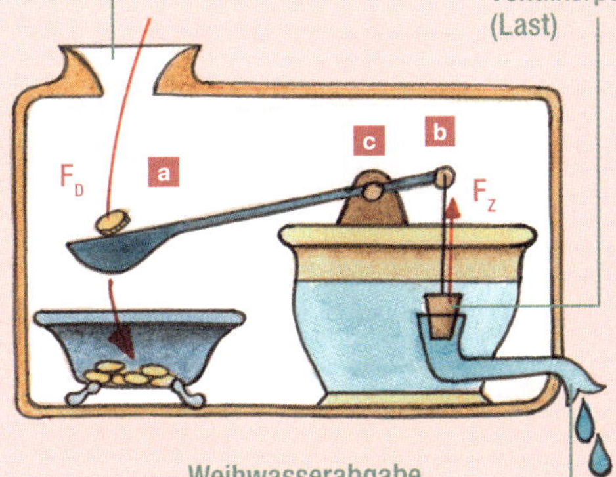

Bezeichnungen am zweiseitigen Hebel:

a Kraftarm b Lastarm c Drehpunkt F_D – Druckkraft; F_Z – Zugkraft

Viele Erfindungen können also entstehen, wenn Menschen ihre Kreativität nutzen und Erkenntnisse von biologischen Vorbildern ableiten. Deshalb sollte man sich immer fragen, welche Lösungen bei Pflanzen und/oder Tieren entdeckt werden können. Aber wie lassen sich Erfindungen von der Natur ableiten? Am Anfang einer Erfindung kann ein Problem stehen, z. B. der Transport schwerer Lasten, die Verständigung über große Entfernungen oder die Überwindung großer Distanzen in der Luft.

Schauen wir uns das letzte Beispiel genauer an. Um mit technischen Mitteln große Entfernungen in der Luft zu überwinden, suchte man zunächst passende Vorbilder in der lebenden Natur, die sich fliegend fortbewegen. Wir wissen, dass ganz besonders der Vogelflug beobachtet und untersucht wurde, um das Flugzeug zu erfinden (vergleiche dazu Band 6 dieser Reihe »Vom Fliegen«). In diesem Fall wurde also der Vogel als Vorbild aus der Natur gewählt, um das technische Problem zu lösen.

Aber manchmal ist es auch so, dass zunächst kein Problem vorliegt, sondern in der Natur eine interessante Entdeckung gemacht wird, die dann zu einer Erfindung führt. Ein Beispiel dafür ist der Klettverschluss: eine Verbindung zweier Teile, die beliebig oft miteinander verbunden und voneinander getrennt werden können. Entwickelt wurde sie durch den Schweizer Ingenieur George de Mestral (1907–1990). Ähnlich der natürlichen Klettfrucht, der Großen Klette *Arctium lappa*, hat er auch winzig kleine, gekrümmte Häkchen, allerdings aus Kunststoff. De Mestral entdeckte die Verhakung der Klette zuerst im Fell seines Hundes. Daraufhin suchte er Möglichkeiten, die Verhakung nachzubauen. Das Ergebnis zeigt sich in der Erfindung des Klettverschlusses (vergleiche dazu Band 1 dieser Reihe »Die Natur als Ideenschmiede«).

Die Natur präsentiert uns eine Vielzahl von Pflanzen und Tieren, die Vorbilder für alle möglichen Erfindungen sein können. Von unserer Aufmerksamkeit und Kreativität hängt es ab, ob wir die biologischen Vorbilder und Anregungen finden. Kreativität ist die Fähigkeit eines Menschen, neue Ideen, Produkte und Anordnungen, wie zum Beispiel auch Kunstwerke oder Musikkompositionen, hervorzubringen. So ist ein Kind kreativ, das Modelliermasse in ein Tier verwandelt, sich aus Pappe eine Spielfigur bastelt oder aus einer leeren Toilettenpapierrolle eine Handtasche gestaltet.

Es ist aber nicht ganz einfach, so kreativ zu denken, dass man den Pflanzen und Tieren ihre Geheimnisse und Lösungen entlockt. Dafür muss der Mensch Methoden anwenden. Eine Methode ist eine systematische Vorgehensweise, sozusagen ein Wegweiser, der dabei hilft, sicher und zielgerichtet von einem Problem zur Problemlösung zu gelangen. Dafür entwickelt der Mensch Fragestellungen, stellt Vermutungen auf, führt Untersuchungen durch, sammelt Daten und wertet diese aus. Weiterhin baut er Versuchseinrichtungen, experimentiert und fertigt Modelle an, um Zusammenhänge aufzudecken, die zu Erkenntnissen über Aufbau und Funktionen biologischer Vorbilder führen. Diese Erkenntnisse bilden eine Grundlage, um technische Lösungen auszuarbeiten.

Ein verstecktes Wort finden

In dem Buchstabenfeld ist ein Wort versteckt, welches für eine Methode steht, die im Buch beschrieben ist und die Analogiebildung zur Grundlage hat. Finde das Wort, welches sich von oben nach unten lesbar versteckt und kreise es mit Bleistift ein!

H	O	H	E	S	C	H	U	H	E	N	O	P	S	A
A	R	M	E	Y	N	O	M	C	Z	L	O	U	S	I
D	E	R	M	N	K	L	M	N	O	P	Q	R	W	F
O	P	A	U	E	A	T	E	M	L	O	S	D	A	U
R	C	H	D	K	U	R	C	H	D	I	E	N	A	C
H	T	O	P	T	A	U	N	D	O	M	A	I	N	E
D	A	M	J	I	L	Ö	S	B	O	D	E	N	K	R
A	N	A	L	K	Y	W	Y	O	R	K	I	M	Z	E

In dem vorliegenden Band werden solche Methoden anschaulich an Beispielen dargestellt. Außerdem werden wichtige Erfindungsprinzipien dargestellt, um einerseits technisches Problemlösen und Erfinden verständlich zu machen und andererseits dazu anzuregen, mit Naturvorbildern zu erfinden. Diese Prinzipien sind das 1x1 des naturorientierten Erfindens. So steht der Abschlussband dieser Reihe unter dem Motto: »Biologische Phänomene systematisch entdecken – technische Lösungen zielgerichtet erfinden«.

2 NATURORIENTIERTES ERFINDEN – WAS IST DAS?

Vom Erfinden mit der Natur

»Die Natur kennt keine Probleme,
sondern nur Lösungen!«
Carl Amery (1922–2005)
Deutscher Schriftsteller und Umweltaktivist

Was naturorientiert meint, wissen wir jetzt. Aber was ist eigentlich Erfinden? Geniale Gedanken entwickeln, originelle Ideen ausarbeiten und nie dagewesene technische Lösungen finden – wer möchte das nicht? Durch Erfinden werden neuartige technische Lösungen gefunden, die in der Industrie angewendet werden können. Eine Erfindung ist also etwas noch nicht Dagewesenes. Dafür ist es notwendig, ausgetretene Pfade zu verlassen, Altes zu verändern und neue Möglichkeiten zu erkennen. Wichtige Erfindungen bringen die Menschheit in ihrer Entwicklung voran. Beispiele sind der Buchdruck von Johannes Gutenberg, die Mehrstufenrakete von Konstantin E. Ziolkowski und der Computer von Konrad Zuse.

Manchmal entstehen Erfindungen durch Zufall. Ein treffendes Beispiel dafür ist die Erfindung des Gummis. Er wurde mit dem Verfahren der Vulkanisation durch den US-amerikanischen Erfinder Charles Goodyear (1800–1860) entdeckt. Der Gummi, den er ursprünglich erfunden hat, war zunächst man-

Charles Goodyear erfindet den Gummi

gelhaft gewesen. Die daraus gefertigten Produkte, wie beispielsweise Schuhe und Regenmäntel, wurden im Sommer weich und klebrig, im Winter dagegen waren sie hart und ziemlich brüchig. Er überlegte, wie man diese Mängel beseitigen könnte. Durch Zufall kam ihm beim Experimentieren versehentlich etwas von einer Kautschuk-Schwefelmischung auf die heiße Herdplatte. Zu seinem Erstaunen war die klebrige Masse zu einem trockenen und elastischen Gummi erstarrt.

Goodyear fand heraus, dass dieser auch bei niedrigen Temperaturen seine Elastizität nicht verlor und bei hohen Temperaturen nicht weich wurde. Er verbesserte dieses Verfahren und nannte es später »Vulkanisation«. Diesen Begriff wählte er analog zu einem feuerspeienden Vulkan, weil auch darin große Hitze herrscht und Schwefel vorhanden ist. Grundsätzlich hilft der Zufall aber nur dem Erfinder, der das technisch zu lösende Problem genau erkannt hat. Eines wird dabei deutlich: Jedem unerwarteten, plötzlichen Einfall geht ein angestrengter Denkprozess voraus. Das erkannte auch einer der bedeutendsten Erfinder, Thomas Alva Edison (1847–1931), und äußerte, dass Erfinden 99 % Transpiration (Schwitzen) und 1 % Inspiration, also Anregung, erfordere.

Erfinder betrachten Dinge und Erscheinungen aus einem neuen Blickwinkel und entdecken auf diese Weise neue Lösungen. Daraus leiten sie dann Erfindungen ab. Die aufmerksame Beobachtung der Umwelt, sowohl der biologischen als auch der technischen, gibt uns häufig Denkanstöße. Deshalb dürfen Erfinder nicht nur, sondern sie sollen sogar »abgucken«, wie das Problem in anderen Bereichen der Technik und vor allem in der lebenden Natur gelöst wird.

LÖSUNGSQUELLE TIER- UND PFLANZENWELT

Dieses Lernen von der Natur für die Technik ist Gegenstand einer vergleichsweise jungen Wissenschaft, die als Bionik bezeichnet wird.

i Bionik

Bionik ist eine interdisziplinäre Wissenschaft. Das heißt, Bioniker arbeiten eng mit Experten aus anderen Fachgebieten zusammen, wie beispielsweise aus Physik, Chemie und Medizin. Eigentlich ist ein Bioniker sowohl Biologe als auch Ingenieur. Die Denk- und Handlungsweisen von Biologen und Ingenieuren sind jedoch recht unterschiedlich. Daher muss der Bioniker bei seiner Arbeit mehr oder weniger beide Denk- und Handlungsweisen vereinen, wie es beispielsweise schon Leonardo da Vinci getan hat. Das nachstehende Schema zeigt diese Denk- und Handlungsweisen.

Als Ingenieure sind Bioniker Erfinder und als Biologen haben sie einen besonderen Blick für die lebende Natur. Naturorientiertes Erfinden ist da naheliegend. Jedoch haben Menschen schon viel früher damit angefangen, bevor es Bionik als Wissenschaft gab. Zeugnisse dafür sind die ersten Werkzeuge der Menschen aus der Altsteinzeit. Der Faustkeil ähnelt den keilförmigen Reiß- und

Denk- und Arbeitsweisen des Bionikers

1 Forschend-entdeckende Denk- und Arbeitsweise des Biologen

- Untersuchung und Zergliederung des Ganzen (biologischer Organismus) in seine Teile bzw. Organe
- Gewinnen von Erkenntnissen über Bau und Funktion von Pflanzen und/oder Tieren
- Beispiel: Libelle (Blaue Mosaikjungfer)

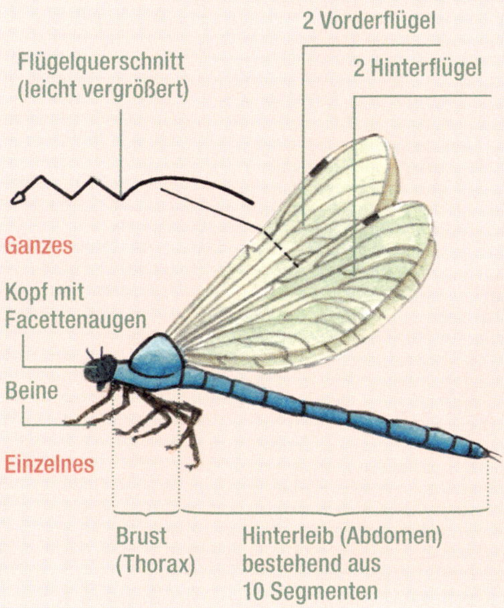

2 Konstruierend-erfindende Denk- und Arbeitsweise des Ingenieurs

- Gestaltung und Zusammensetzung einzelner Teile bzw. Elemente zu einem Ganzen
- Anwenden von Erkenntnissen über Funktionen und Aufbau technischer und biologischer Objekte
- Beispiel: Taschenlampe (MagLite)

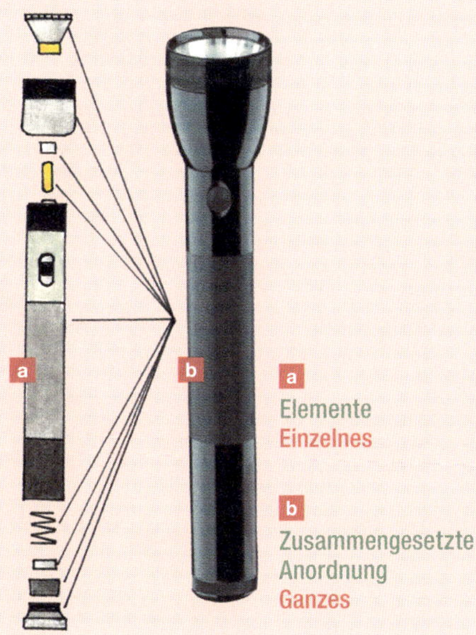

Denk- und Arbeitsweise des Bionikers

3 a Wie kann ein technisches Problem naturorientiert gelöst werden?

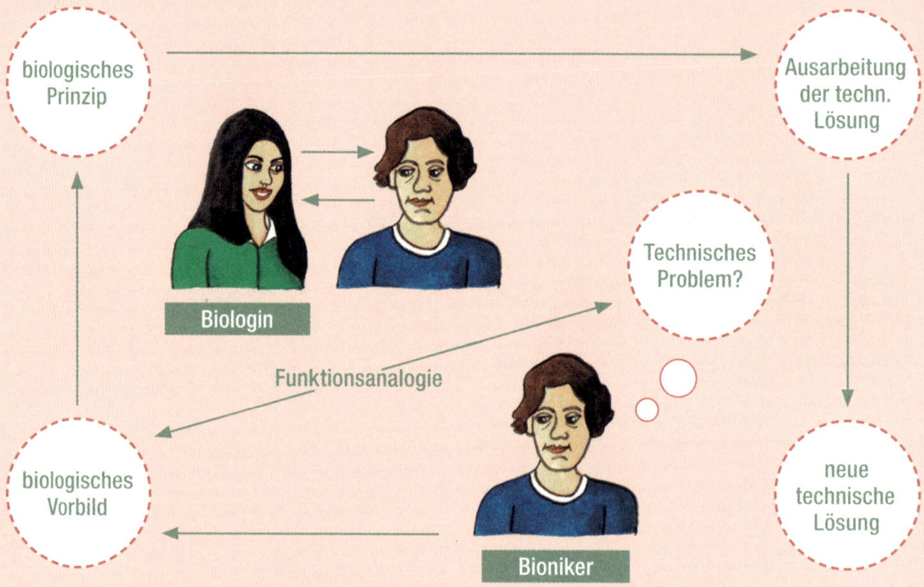

3 b Wie kann für ein neu entdecktes biologisches Prinzip eine technische Anwendung gefunden werden?

Schneidezähnen der Beutegreifer, die es zur Zeit unserer Vorfahren gab. Viele Werkzeuge, die wir in heutiger Zeit noch verwenden, haben Ähnlichkeit mit Körperteilen von Tieren. Auch der Rammbock wurde von einem Tierkörper abgeleitet. Als Mauer- und Torbrecher belagerter Festungen und Burgen wurde er vor über 3000 Jahren von den Griechen nach dem Vorbild des Widderschädels erfunden. Die Entdeckung, dass die gewölbte Stirn mit den kurzen Hörnern besonders widerstandsfähig war, führte zur Erfindung der Ramme, mit deren Hilfe nun die dicksten Festungstore zerschmettert wurden. Ein weiteres Beispiel ist der Schildkrötenpanzer. Der Panzer wurde schon vor langer Zeit durch die biologische Evolution »erfunden«. Er hat eine wichtige Schutzfunktion. Die Schildkröten können sich bei Gefahr in ihren Panzer zurückziehen und sind dadurch vor Fressfeinden geschützt. Die römischen Legionäre entwickelten nach diesem Vorbild die gefürchtete »Schildkrötenpanzer-Taktik«. Das war eine Formation, bei der mehrere Legionäre gemeinsam vorrückten und sich

Schutzabwehrfunktionen von der Natur abgeschaut

Vom Schildkrötenpanzer zur Schildkrötenpanzer-Technik der Römer

Vom eingerollten Igel zur Schutzabwehr-Formation der Spartaner

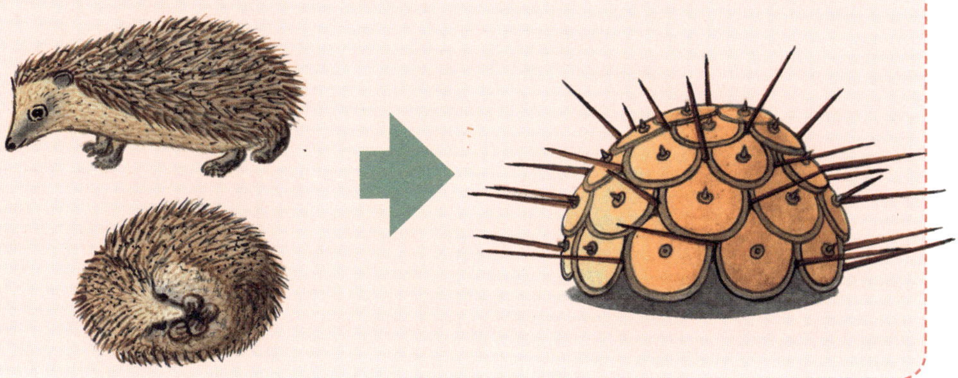

nach allen Seiten mit ihren Schilden schützten. Dabei wurden die Schilde so angeordnet, dass sie sich überlappten und so einen Metallpanzer bildeten, der eine gesicherte Deckung bot. Auch der Stahlhelm und der Kampfpanzer sollen von dem biologischen Vorbild des Schildkrötenpanzers abgeleitet sein. Oder die Schutzabwehr des Igels mit seinen Stacheln, die die Spartaner mit ihren Speeren kopierten und als Formation anwendeten, wenn sie von Feinden umringt wurden.

Die Spartaner hatten vorher den Igel bei seiner Verteidigung genau beobachtet. Wie wir wissen, zieht der Igel bei Gefahr seine Beine unter den Körper und rollt sich zu einer Kugel zusammen. Dabei spannt er seine Muskeln an, sodass sich seine etwa 8000 Stacheln aufrichten und ihm Schutz bieten. Habt ihr gewusst, dass die Stacheln des Igels eigentlich gar keine Stacheln sind, sondern ziemlich stabile Haare, die wie unsere Nägel aus dem Naturstoff Keratin, also Horn bestehen? Das Keratin ist verantwortlich für ihre Festigkeit und Spannkraft.

Die Sage von Dädalus und Ikarus

VOM NACHAHMER ZUM ERSTEN BIONIKER

In der griechischen Mythologie, also in alten Erzählungen über den Ursprung des Kosmos, der Götter und Menschen, gibt es eine Geschichte über zwei Flugpioniere: Dädalus und Ikarus (Vater und Sohn). Die beiden waren auf der Insel Kreta gefangen. Um zu fliehen, wollten sie den Vogelflug nachahmen, indem sie Vogelschwingen bauten. Als die Schwingen fertig waren, sollte Ikarus mit ihnen fliegen. Er flog jedoch im Übermut viel zu hoch und der Sonne entgegen. Sie hatten, so wird in der Legende berichtet, auf den Vogelschwingen Federn mit Wachs befestigt, das sich im Flug durch die Sonne erwärmte und schmolz. Ikarus stürzte daraufhin ins Meer und ertrank.

Das Nachahmen des Naturvorbildes allein muss also nicht unbedingt zum Erfolg führen, wie die Geschichte zeigt. In der Technik gibt es nämlich andere Größenverhältnisse, Materialien und Bedingungen als in der Natur. Das Universalgenie der Renaissance, Leonardo da Vinci (1452–1519), berücksichtigte das. Ihn kann man als regelrechten Bioniker bezeichnen, denn er war gleichzeitig Biologe und Ingenieur. Auf der Grundlage seiner ausgiebigen Beobachtungen des Vogel- und Fledermausfluges entwarf er seine genialen Flugapparate. So konstruierte er nach dem Vorbild der Fledermaus einen Schwingen-Flugapparat. Er erkannte, dass der Aufbau eines Fledermausflügels mit technischen Mitteln leichter nachzuahmen ist, als der eines gefiederten Vogelflügels.

VERBESSERUNGEN

Alexander Graham Bell (1847–1922) entwickelte nach dem Vorbild des Trommelfells im menschlichen Ohr das erste Telefon. Die Funktion und der Aufbau des Trommelfells regten ihn dazu an. Um ein funktionsfähiges Telefon zu entwickeln, führte Bell viele Experimente durch. Manche Experimente schlugen fehl. Bell ließ sich nicht entmutigen und machte unbeirrt weiter, indem er die Experimentieranordnung schrittweise verbesserte. Damit gelang ihm der Durchbruch – sein Experiment funktionierte schließlich. Zwei Personen konnten über eine längere Leitung miteinander sprechen. Ob Bell tatsächlich der wirkliche Erfinder des Telefons war, ist heute umstritten. Nachweisbar ist jedoch, dass er sich das Patentrecht für sein Telefon sicherte und daraufhin die »Bell Telephone Company« gründete.

Alexander Graham Bell

Michael Kelly erfand 1868 nach dem Vorbild des Osagedorns *Maclura pomifera* – ein mit Dornen versehener Baum – den Stacheldraht, indem er Nägel in Drähten befestigte. Diese Erfindung war notwendig geworden, um die Weideflächen der Rinderherden in den offenen Weiten der Prärien im amerikanischen Westen einzugrenzen. Der von ihm entwickelte Stacheldraht war allerdings aufwändig herzustellen und hatte den Nachteil, dass sich die Nägel mit der Zeit von den Drähten lösten und herausfielen. Diese Mängel hat der

Erfinder Joseph Glidden beseitigt, indem er ebenfalls mit dem Osagedorn als Vorbild einen eigenen Stacheldraht entwickelte.

In zwei miteinander verdrehten Spanndrähten wurden in regelmäßigen Abständen schräg geschnittene Stachel um einen der beiden Drähte gewickelt. Gegenüber der Kelly-Erfindung konnten sich hier die Stacheln nicht mehr lösen. Im Jahre 1873 meldete Glidden sein Stacheldraht-Patent an.

Hersteller von Autoreifen haben in der heutigen Zeit zwar nicht das Rad neu erfunden, aber sie haben den Reifen wesentlich verbessert und sicherer gemacht. Dafür haben sie die Natur genau beobachtet. Die neuen Reifen haben den Vorteil, dass sich der Bremsweg verkürzt. Zurückzuführen ist die Verbesserung auf die Reifenlamellen, die sich spreizen können. Das ist der Katzenpfote und der Fußunterseite eines tropischen Baumfrosches nachempfunden. Beim Aufsprung vergrößern diese Tiere ihre Fußfläche, sodass sich die Aufprallkräfte auf dem Untergrund breit verteilen. Ebenso beim Autoreifen – er bringt beim Bremsen mehr Gummi auf die Fahrbahn. Während des Fahrens bleiben sie jedoch schmal und schützen so vor Aquaplaning. Bei Aquaplaning schiebt sich nämlich auf nasser Fahrbahn ein Wasserkeil unter das Rad. Dadurch geht die Bodenhaftung verloren und das Fahrzeug lässt sich nicht mehr lenken. Das kann zu gefährlichen Unfällen führen.

Joseph Glidden

Doppelgänger

Zwei Dinge haben einen Doppelgänger. Welche sind das?

All die genannten Erfinder nutzten bei der Lösung von technischen Problemen die lebende Natur als Anregungs- und Lösungsquelle. Aber auch die unbelebte Natur kann für den Erfinder eine solche Quelle sein. Ein Beispiel ist der Kugelschreiber. Er wurde im Jahr 1938 von László Biró (1899–1985) erfunden. Biró hatte sich beim Schreiben über die Tintenklekse geärgert, die von der Schreibfeder auf das Papier tropften. Ballspielende Kinder, die er vom Fenster aus beobachtete, hatten ihn auf eine Idee gebracht. Die nachfolgende Abbildung zeigt ihre Umsetzung.

Biró hat die Situation mit den spielenden Kindern verallgemeinert. Er betrachtete den Ball als Kugel und übertrug das Gesehene auf das spezielle Ausgangsproblem. So wie der Ball durch schmutziges Wasser rollt und dabei eine Spur hinterlässt, so könnte auch eine rollende Metallkugel eine Spezialtinte auf das Papier übertragen. Biró positionierte eine kleine Kugel am Ende eines mit zähflüssiger Spezialtinte gefüllten Röhrchens. Durch winzige Kanäle um die Kugel trat die Tinte aus und gelangte durch die Schreibbewegung auf das Papier. So kam der Kugelschreiber mit dem Namen »Go-Pen« auf den Markt. Natürliche und technische Lösungen lassen sich also vergleichen. Um diese Vergleichbarkeit zu erfassen, gibt es in der Bionik bestimmte Methoden.

László Bíró

1 Die Erfindung des Kugelschreibers

Ärgernis

Kleckse akzeptieren | Kleckse vermeiden

2 Mängel und Defekte aufspüren

Die Tinte läuft über die Feder direkt auf das Schreibblatt.

3 Analogiebildung: ballspielender Junge

Der rollende Ball hinterlässt auf der Straße eine Wasserspur.

4 Technische Lösung: Kugelschreiber

Schnittdarstellung der Kugelschreiberspitze mit Kugelführung und Schreibkugel

Die Tinte gelangt erst über die Schreibkugel auf das Schreibblatt.

3 MÖGLICHKEITEN DES DIALOGS MIT DER NATUR

Kluge Fragen – hilfreiche Antworten

»Neugier steht an erster Stelle eines Problems,
das gelöst werden soll!«
Galileo Galilei (1564–1642)
Italienischer Universalgelehrter

Um sinnvolle und brauchbare Antworten zu erhalten, muss klug gefragt werden. Für die Bionik zielen kluge Fragen über Pflanzen oder Tiere auf den speziellen Aufbau und auf die Lebensfunktionen in der Auseinandersetzung mit den Umweltbedingungen usw. ab. Wir nennen solche Fragen »Forscherfragen«. Auch hierbei spielen Methoden eine wichtige Rolle.

Eine mögliche Methode ist das Beobachten. Indem man sich auf Details der Pflanzen und/oder Tiere konzentriert, wird man offen für einen engen Kontakt mit ihnen. Dabei werden Eigenschaften gezielt wahrgenommen. So wird der Aufbau der biologischen Vorbilder ausgekundschaftet und schließlich verständlich.

Die Befragung der belebten Natur

Merke!

Problemlösungsmethoden dienen der Gewinnung von Informationen, die letztlich für das Lösen technischer Probleme von Bedeutung sind. Dabei wird das Denken in eine erfolgversprechende Richtung gelenkt – dorthin, wo die Lösung des technischen Problems zu finden ist. Beispiel: Analogiemethode

Untersuchen ist das Beobachten mit Hilfsmitteln. Das können beispielsweise eine Lupe, ein Mikroskop, ein Lineal oder eine Waage sein.

Unseren Sinnesorganen, beispielsweise den Augen, sind Grenzen gesetzt. Ohne Hilfsmittel könnten wir mit ihnen keine Mikroorganismen beobachten und untersuchen. Ebenso ist es beim Beobachten von Lebewesen der Fall, die sich in beträchtlicher Entfernung befinden. Um einen Gegenstand zu untersuchen, muss man ihn gedanklich zerlegen. Das wird Analysieren genannt. Es dient dazu, Einzelheiten, Eigenschaften und Merkmale zu erkennen.

Hilfsmittel zum Beobachten

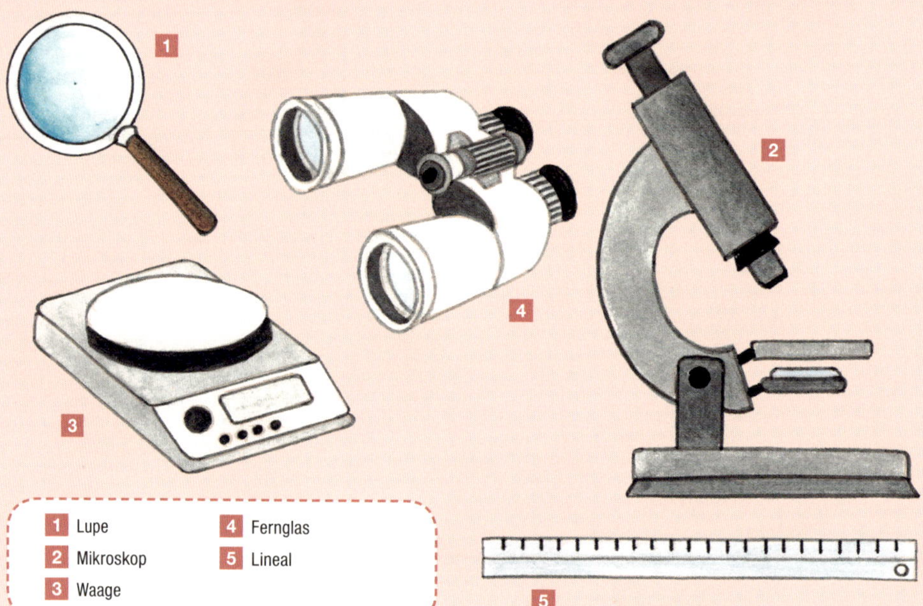

- 1 Lupe
- 2 Mikroskop
- 3 Waage
- 4 Fernglas
- 5 Lineal

Durch Beschreibung dessen, was beobachtet und untersucht wurde, können Erkenntnisse geordnet und zusammengefasst werden. Gewonnene Erkenntnisse über das biologische Vorbild werden dabei aufgeschrieben und geordnet dargestellt. Die Verbindung zwischen Aufbau und Funktion der Pflanze und/oder des Tieres wird anschaulich beschrieben.

Eine weitere Möglichkeit ist das Vergleichen. Beim Vergleichen werden mindestens zwei Erscheinungen gegenübergestellt. Dabei werden Gemeinsamkeiten und Unterschiede wahrgenommen. Eine Problemlösungsmethode, die das Vergleichen beinhaltet, ist die Ähnlichkeits- oder auch Analogiemethode. Mit dieser Methode werden gezielt Lösungen aus Natur und Technik aufgedeckt und auf das eigene Problem übertragen. Treffend formulierte der Astronom Johannes Keppler (1571–1630): »Analogien sind meine zuverlässigsten Lehrmeisterinnen, vertraut mit den Geheimnissen der Natur!« Es gibt verschiedene Arten von Analogien, wie die persönliche oder die symbolische Analogie.

PERSÖNLICHE ANALOGIE

Bei der persönlichen Analogie versetzen sich die Anwender gedanklich in das Objekt oder Lebewesen hinein. Sie übernehmen in ihrer Vorstellung dessen Gestalt, Funktion und Verhalten. Anschließend äußern sie Empfindungen, die auf das Objekt oder Lebewesen bezogen sind. Hierbei können auch Schlussfolgerungen abgeleitet werden, die entsprechende Lösungsrichtungen betreffen. Zum Beispiel: Auf den Einhängehaken einer Farbtauchanlage für Lagersichtbehälter setzt sich im Laufe der Zeit eine dicke Farbschicht ab, die dazu führt, dass die Lagersichtbehälter den Halt am Haken verlieren und herunterfallen. Das führt zur Beschädigung der Behälter und erhöht die Ausschussquote. Ein Team, das daran arbeitet, wie das Problem gelöst werden kann, geht mit dieser Methode folgendermaßen vor: Die Teammitglieder übernehmen Gestalt, Funktion und Verhalten des Farbtauchhakens. Dabei werden Empfindungen in Worten ausgedrückt: »Ich bin ein Farbtauchhaken, mich umschließt Farbe, ich fühle mich eingeengt, klebrig und immer schwerer. Ich kann die Farbe kaum mehr tragen!« Aus diesen Empfindungen leiten die Teammitglieder Schlussfolgerungen in Form von technischen Lösungen ab und beantworten die Frage: Wie kann ich mich vor der Farbe schützen?

Farbtauchhaken als persönliche Analogie

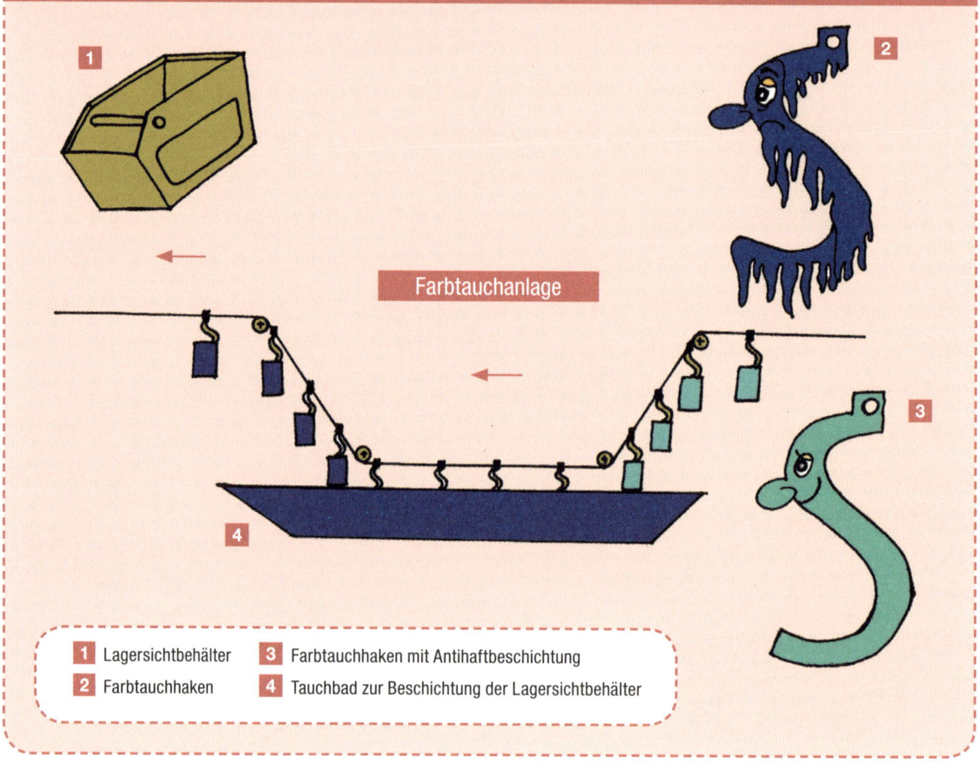

Folgende Lösungsrichtungen werden gefunden: Einfetten, Einölen, mit Wachs oder mit einer farbabweisenden Schutzschicht überziehen usw.

SYMBOLISCHE ANALOGIE

Hierbei bilden zwei Wörter, die zueinander im Gegensatz, also im Widerspruch stehen, einen treffenden Ausdruck, der auf eine ausgewählte persönliche Analogie zutrifft (Beispiele: »schnelle Langsamkeit« für einen Geher, »trockener Saft« für Dörrobst und »geschlossene Offenheit« für ein Sportstadion).

Bei Analogien ist eine genaue Übertragung weniger wichtig als die Anregung, die man aus ihr gewinnt. Das Beispiel von der Erfindung der Kulikow-Antenne für den mobilen Funkbetrieb an Fahrzeugen und tragbaren Funkgeräten soll das verdeutlichen.

Herkömmliches traditionelles Denken: Der Problemlöser ist auf eine Lösung fixiert.

3 Beispiele für das Teleskop-Prinzip in der Technik

1

3

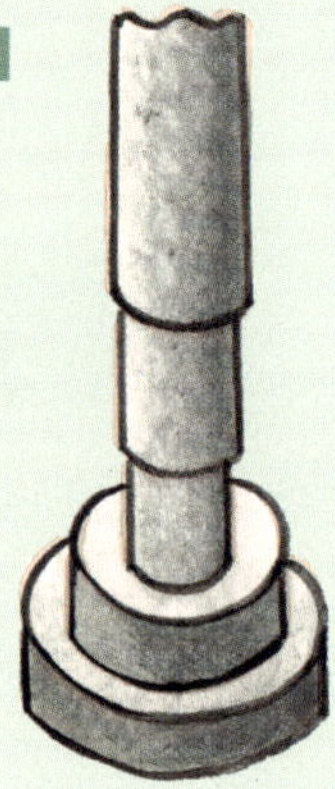

2

4

1 Kofferradio mit Teleskopantenne
2 Teleskopfernrohr
3 Teleskopstütze
4 Teleskopmessstab

4 Analoges Denken – Analogien aus der Natur

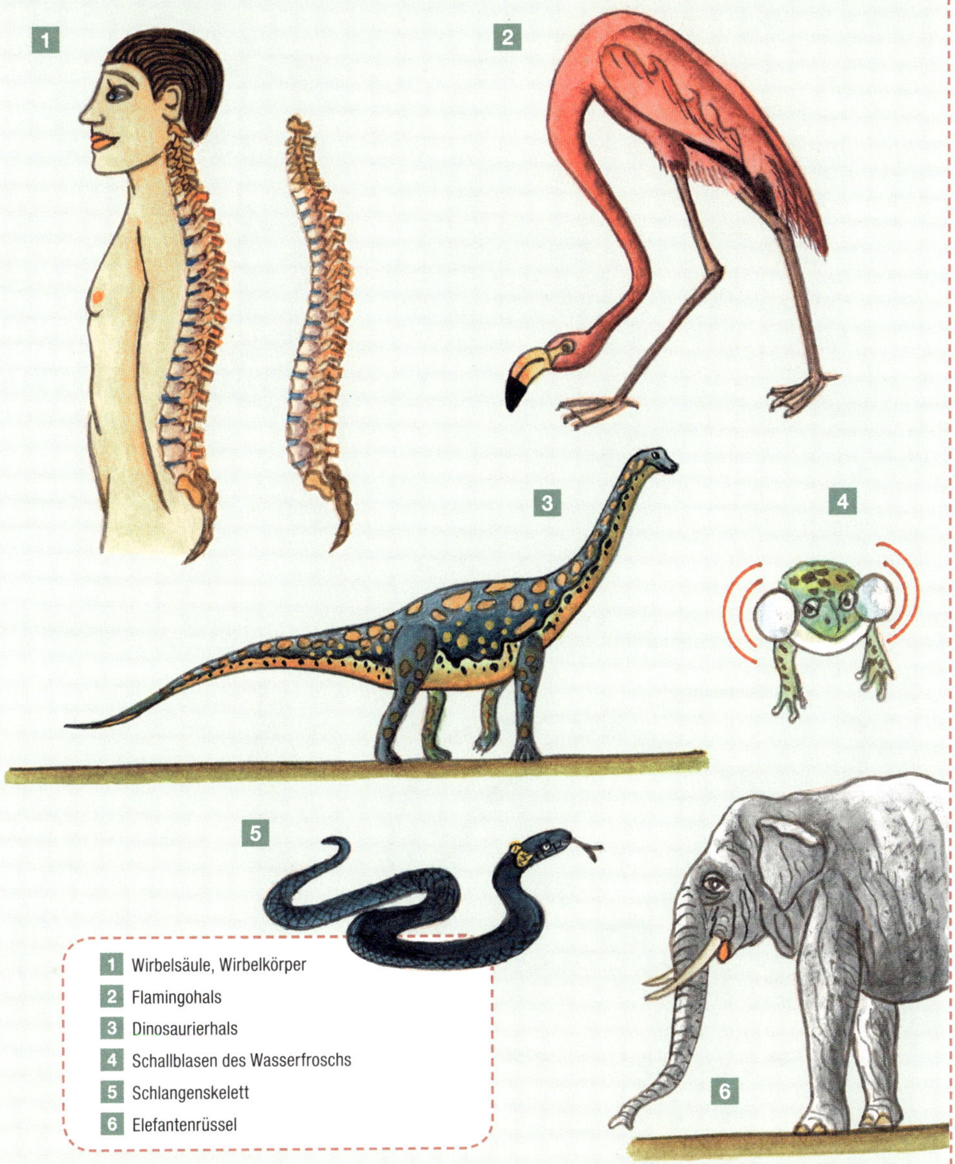

1 Wirbelsäule, Wirbelkörper
2 Flamingohals
3 Dinosaurierhals
4 Schallblasen des Wasserfroschs
5 Schlangenskelett
6 Elefantenrüssel

5 Ableiten der technischen Lösung

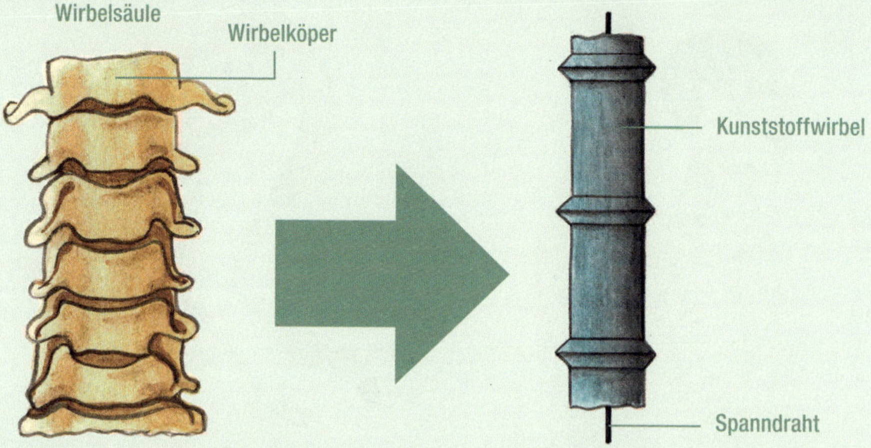

Übereinander angeordnete Wirbel werden durch Muskel und Sehnen beweglich zusammengehalten.

Kunststoffwirbel werden durch innen verlaufenden Draht gespannt oder entspannt.

6 Kulikow-Stabantenne im entspannten (a) und gespannten (b) Zustand

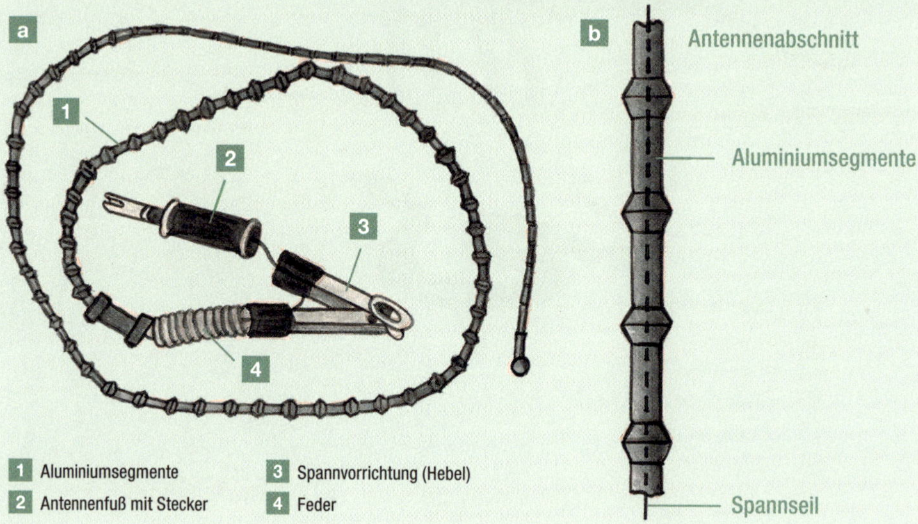

1 Aluminiumsegmente
2 Antennenfuß mit Stecker
3 Spannvorrichtung (Hebel)
4 Feder

Die Kulikow-Antenne ist eine Funkantenne für den Kurzwellen- und UKW-Bereich. Sie besteht aus einem gespannten Drahtseil, auf welchem viele kurze Aluminiumstücke aufgereiht sind. Das innen befindliche Spannseil wird für den Funkbetrieb durch eine Spiralfeder mittels eines Hebels zu einem langen Antennenstab gespannt. Bei Nichtgebrauch wird die Spiralfeder entspannt und der Stab fällt in sich zusammen. Die Vorteile liegen auf der Hand: geringe Abmessungen beim Transport und hohe Funktionssicherheit, denn diese Antenne richtet sich nach dem Abknicken wieder selbstständig auf.

7

Wort finden

Ordne die Buchstaben, um ein Lösungswort zu erhalten.

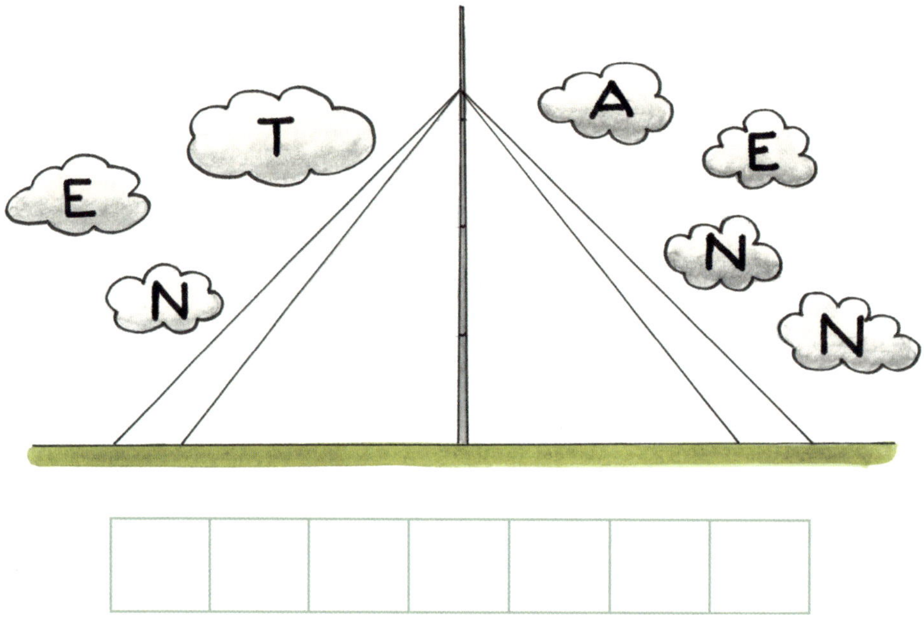

Für die zielgerichtete und systematische Analogiebildung empfiehlt sich diese Schrittfolge:

1. **Festlegen** der zu verwirklichenden technischen Funktion.
2. **Ermitteln** von Vorbildern, die diese Funktion erfüllen (Nutzung von Wissensspeichern der Biologie oder Katalogen zu Funktionen und Strukturen von Pflanzen und Tieren oder auch direkte Beobachtungen in der Natur).
3. **Untersuchen** des Aufbaus des in Frage kommenden biologischen Vorbildes, Durchführen von Experimenten und gegebenenfalls Anfertigen von Modellen und deren Erprobung.
4. **Übertragen** der gewonnenen Erkenntnisse auf das zu lösende technische Problem und Ausarbeiten der technischen Lösung.

Im ersten Schritt wird das technische Problem erfasst. Dabei ist die Funktion der zu entwickelnden technischen Lösung herauszuarbeiten, um biologische Vorbilder mit gleicher oder ähnlicher Funktion finden zu können. Für Schritt zwei sollen Fragen formuliert werden. Sie helfen dabei, geeignete biologische Vorbilder auszuwählen. Ihre Funktionen können dann im Zusammenhang mit ihrem Aufbau untersucht werden. Das ist die Voraussetzung für die Lösung eines Problems. Folgende Fragen können helfen:

- Wie wird das vorliegende Problem in der Natur gelöst?
- Welche Tiere und/oder Pflanzen geben Anregungen?

Ist ein biologisches Vorbild gefunden, wird danach gefragt, wie es aufgebaut ist (vgl. Schritt 3). Zum Analysieren sind die nachfolgenden Handlungsschritte erforderlich:

- Ergründe, aus welchen Organen bzw. Teilen das biologische Vorbild besteht!
- Betrachte das biologische Vorbild von allen Seiten; fertige gedankliche und wenn nötig und möglich auch Schnittdarstellungen (Längs- bzw. Querschnitte) davon an, um den inneren Aufbau zu ergründen!
- Finde heraus, ob die Teile eine besondere Form, Größe, Anordnung oder andere typische Merkmale aufweisen!

Beispiel: Stielaugenfliege (Diopsis dalmanni)

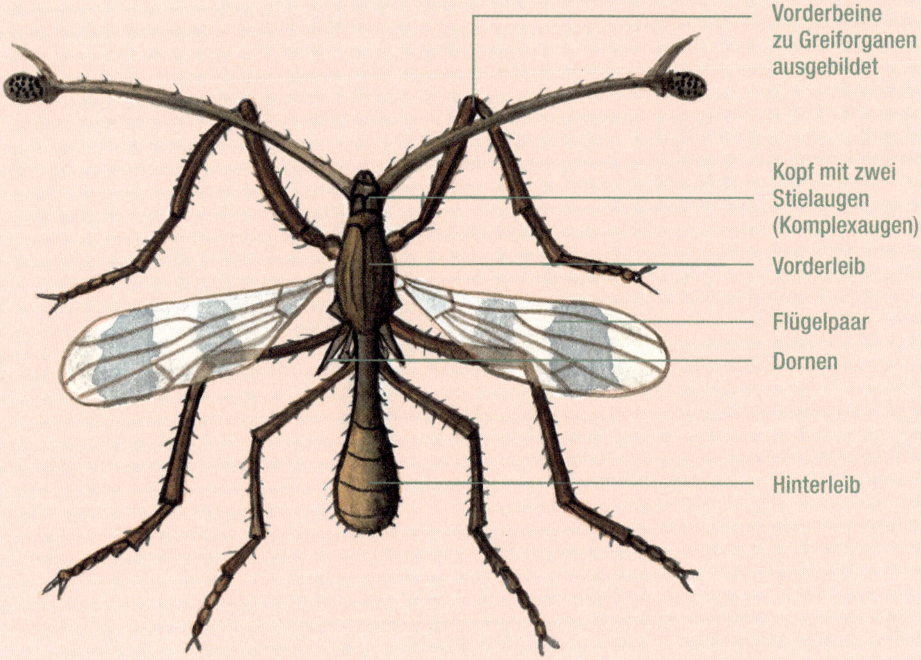

Schauen wir uns das an einer Stielaugenfliege an. Sie ist ein interessantes Insekt, das in Afrika, Südamerika und Indien vorkommt. Die ausladenden Stielaugen bieten ihr eine perfekte Orientierung und räumliche Wahrnehmung. Die Augenspanne, also der Abstand zwischen den beiden Augen, übersteigt die Körperlänge beträchtlich.

Um die Funktion, also das Zusammenwirken der Teile bzw. Organe, besser und tiefgründiger zu verstehen, ist oft Experimentieren erforderlich. Das Experiment ist der Prüfstein für die Theorie und kann daher ein Mittel sein, um Annahmen über das biologische Vorbild zu bestätigen. Dafür wird eine Forscherfrage formuliert, die mittels der Erkenntnisse aus dem Experiment beantwortet werden kann. Systematisches Vorgehen beim Experimentieren kennzeichnet den Denk- und Arbeitsstil vieler Forscher und Erfinder. Sie wenden dabei die genannten Methoden an, um ein Problem zu lösen.

Experiment

Das Experiment ist eine Frage an die Natur und dient der Erkenntnisgewinnung. Mit Experimenten können der Natur ihre Geheimnisse entlockt werden. Ein Experiment wird planmäßig durchgeführt und dient der Überprüfung einer zuvor formulierten Forscherfrage. Das Experiment muss vorbereitet, durchgeführt und ausgewertet werden.

Schrittfolge:

1. Klären von Ziel und Zweck des Experimentes und Formulieren einer Forscherfrage.
2. Aufstellen einer Vermutung über das mögliche Ergebnis des Experimentes.
3. Vorbereitung des Experimentes:
   - Zusammenstellung von benötigten Materialien und Geräten
   - Entwerfen und Aufbauen der Experimentiereinrichtung
4. Durchführen des Experimentes.
5. Beobachten und Protokollieren der Ergebnisse (gegebenenfalls Wertetabelle und Diagramm entwickeln).
6. Auswertung des Experimentes: Vergleichen der Ergebnisse mit der Forscherfrage und werten der Ergebnisse.

Allgemeine Vorgehensweise beim Experimentieren

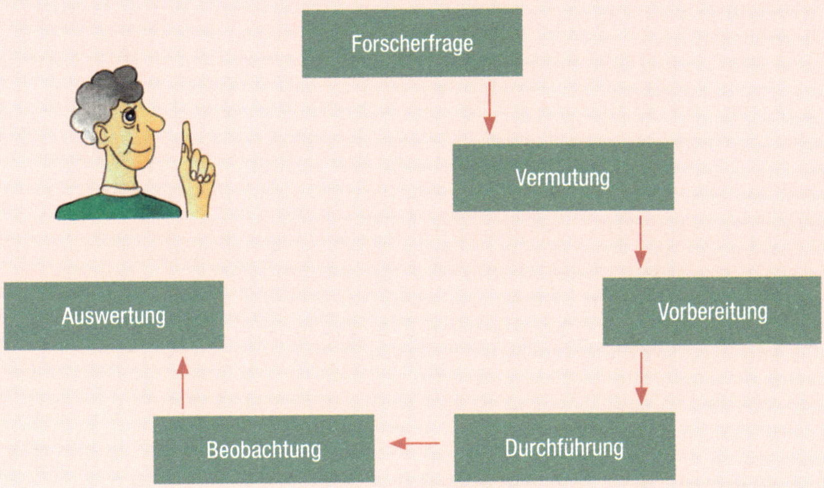

WIE EIN EXPERIMENT ZU EINER ERFINDUNG FÜHRTE

Der Naturforscher Raoul H. Francé (1874–1943) erfand nach Abschluss eines Experimentes den Salzstreuer. Eigentlich war es nicht sein Ziel, einen Salzstreuer zu erfinden. Vielmehr wollte er eine Lösung finden, um Bodenkleinstlebewesen gleichmäßig auf Ackerböden verstreuen zu können. Also plante er ein Streuexperiment. Die Erkenntnisse aus dem Experiment sollten helfen, die Fruchtbarkeit von Ackerböden zu verbessern.

Er legte dafür ein Versuchsfeld als Modell an. Auf einem großen Bogen Papier zeichnete Francé das Feld auf, das aus einem Raster von weiteren kleinen Feldern, den Kästchen, bestand. Es sah wie eine Tabelle aus. Die Spalten bezeichnete er mit Ziffern und die Zeilen mit Buchstaben. Er testete zunächst das Ausstreuen mit Puderstreuer, Salzfass und Zerstäuber. Doch keine dieser technischen Einrichtungen führte zu einem befriedigenden Ergebnis. Die Menge des Streumaterials auf den einzelnen Kästchen war zu unterschiedlich, wie das Experiment zeigte. Es gab Kästchen, da lag nur sehr wenig Material, auf anderen dagegen recht viel.

Francé überlegte daraufhin, wie das Problem des gleichmäßigen Ausstreuens noch gelöst werden könnte. Seine Forscherfrage richtete er an die Natur: »Wie streut die Natur etwas gleichmäßig aus?« Er suchte nach entsprechenden biologischen Vorbildern. Er fand sie in Pilzen und Moosen, die ihre Sporen durch den Wind verbreiten, und in der Kapsel des Mohns. Er beobachtete, wie die Samenkapseln im Wind schaukelten und dabei ziemlich gleichmäßig ihre Samen auf dem Boden verteilten. Francé untersuchte die Mohnsamenkapsel, bestimmte ihren Aufbau und fertigte eine Schnittdarstellung an, um das Kapselinnere zu ergründen. Er stellte dabei fest, dass die Kapsel viele kleine Löcher besitzt. Durch diese gelangen die reifen Samenkörner nach außen und können durch den Wind gleichmäßig ausgetragen werden. Das wollte Francé nun selbst testen.

Das Ergebnis des Experiments war verblüffend: Auf allen Kästchen befand sich annähernd die gleiche Streumenge. Er entwarf daraufhin einen Streuer, dessen Löcher so angeordnet waren, wie die der Mohnkapsel. Diesen meldete er 1919 als Patent für einen Salzstreuer an (vergleiche dazu Band 18 dieser Reihe »Bionik in Wald und Flur«).

Streuexperiment mit der Mohnkapsel

Experimente mit Tieren als biologische Vorbilder sind hingegen nur in Ausnahmen möglich, weil Tierversuche aus ethischen Gründen abzulehnen sind. Das Wohl der Tiere darf auf keinen Fall gefährdet werden. Bei Pflanzen ist das weniger problematisch, wenn beispielsweise mit Flugfrüchten experimentiert oder der Selbstreinigungseffekt mit Blättern erprobt wird.

Materialien und Größenverhältnisse können dem Experimentieren Grenzen setzen. Da empfiehlt es sich, entweder auf andere Materialien zurückzugreifen oder Modelle anzufertigen, mit denen dann experimentiert werden kann. Das Modell lässt sich so als Ersatz für das biologische Vorbild verwenden. Mit einem Modell sollen wichtige Merkmale des biologischen Vorbildes, die für die zu entwickelnde technische Lösung bedeutsam sind, aufgegriffen werden. Unwichtige Merkmale werden dagegen weggelassen. Aber ergründen wir die Modellbildung näher und finden heraus, worum es dabei geht.

MODELLBILDUNG

Zunächst machen wir uns mit einigen wichtigen Grundlagen für das Verständnis der Modellbildung vertraut. Sie sind Nachbildungen wirklicher Dinge, also in der Bionik von Pflanzen und Tieren. Dabei stellen sie nur Annäherungen an die Wirklichkeit dar. Ein Modell ist stets eine Vereinfachung.

Lernende fertigen nach dem Vorbild der Löwenzahnfrucht ein Fallschirmmodell aus Papier an. Dabei werden wichtige Merkmale, die für den Sinkflug bedeutsam sind, berücksichtigt. Ein Merkmal ist der Schirm, an dessen Stiel die Frucht hängt. Der Schirm wird in Papier ausgeführt. Als Frucht wird stellvertretend eine Büroklammer verwendet, die als Massestück dient und so den Schwerpunkt nach unten bildet. Für den Sinkflug belanglose Merkmale, wie die winzigen Zähnchen an der Frucht, werden weggelassen. Mit dem Fallschirmmodell können nun verschiedene Experimente durchgeführt werden.

Vielen Erfindungen sind Modelle vorangegangen. Mit ihnen zu arbeiten ist sparsam und ermöglicht es, sich durch Ausprobieren und Verbessern schrittweise einer Lösung anzunähern. Bevor die Brüder Montgolfier ihren Heißluftballon bauten, experimentierten sie mit Miniballons aus Papier. Die ersten Zeppelin-Luftschiffe waren nicht größer als eine Zigarre und bevor der

Experiment: Anfertigung von Fallschirm-Modellen

Biologisches Vorbild: Löwenzahnfrucht

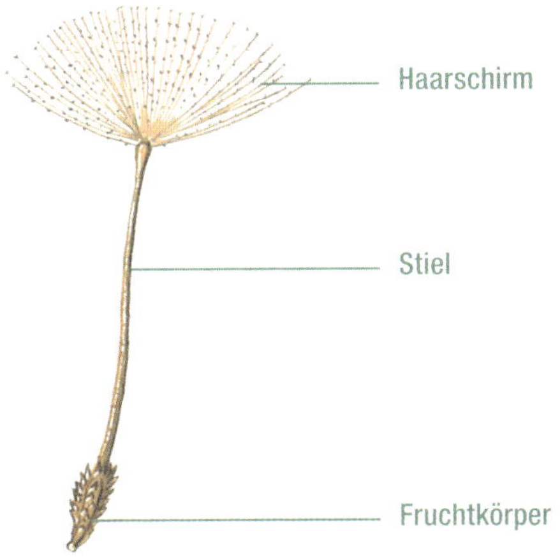

Vereinfachung

Modell: biologisches Erklärungsmodell

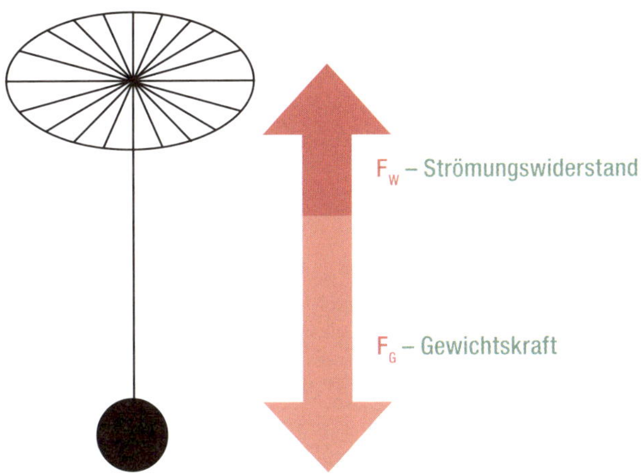

Papiermodell

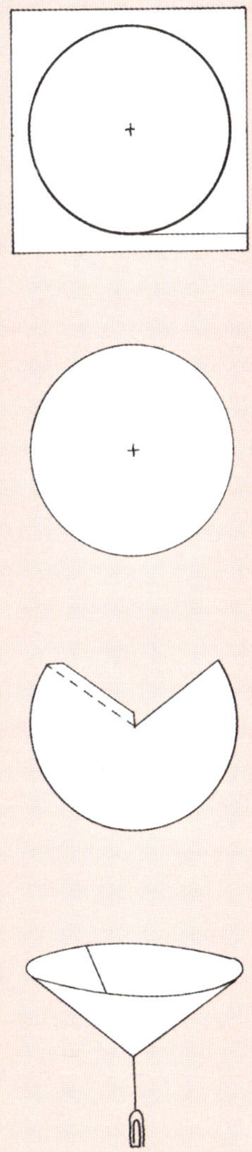

Bioniccar Personen beförderte, wurden zuerst kleinere Strömungsmodelle im Windkanal getestet (vergleiche dazu Band 12 dieser Reihe »Schönheit der Natur«).

Dem Modell ähnlich ist die Prinzipdarstellung. Sie dient dazu, biologische und technische Sachverhalte verständlich zu machen. Eine wichtige Voraussetzung dafür ist es, gemeinsame Funktionsmerkmale zwischen biologischem Vorbild und technischer Lösung zu erkennen. Dieses sogenannte analoge oder Ähnlichkeitsdenken erfordert die Fähigkeit zu verallgemeinern. Nur so kann man das Prinzip erkennen, das im biologischen Vorbild vorkommt und auf die technische Lösung übertragen werden soll. Eine Prinzipdarstellung ist wie das Modell eine vereinfachte Darstellung mit Symbolen bzw. Zeichen. Zum Beispiel werden Kräfte und ihre Wirkungen als Pfeile dargestellt.

Beispiel für eine Prinzipdarstellung

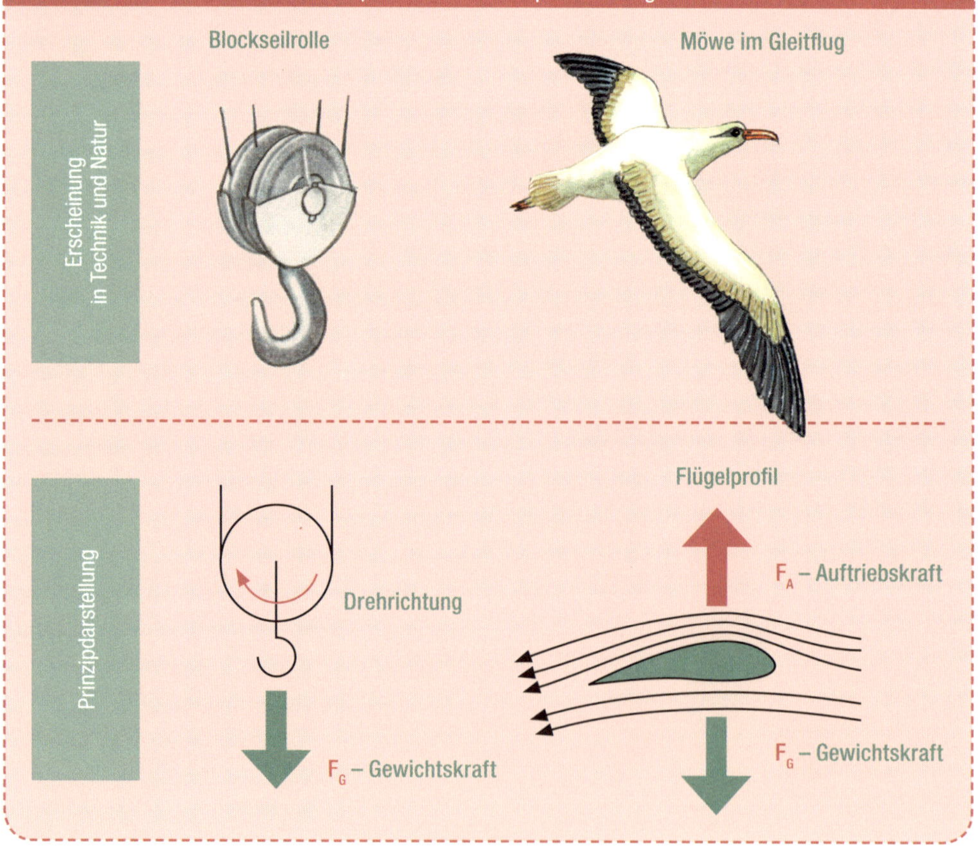

4 MIT METHODEN PROBLEME LÖSEN

Probleme erkennen und formulieren

»Das Problem zu erkennen, ist wichtiger,
als die Lösung zu erkennen, denn die genaue
Darstellung des Problems führt zur Lösung.«
Albert Einstein (1979–1955)
Deutscher Physiker und Nobelpreisträger

Um Methoden nutzen zu können, muss vorher das technische Problem formuliert werden. Viele Erfinder verweisen darauf, dass es viel schwieriger ist, ein Problem richtig zu erkennen, als eine Lösung zu finden. Deshalb empfiehlt sich die sogenannte Black-Box-Methode. Dabei wird das zu entwickelnde Objekt als schwarzer Kasten mit zunächst noch unbekanntem Inhalt erfasst. Der Inhalt, also der technische Mechanismus, muss ja erst noch erfunden werden. Wir wissen zunächst nur, welche Funktion das Objekt erfüllen soll, aber noch nicht, wie es diese Funktion erfüllt.

Die Black-Box-Methode dient damit der Problemaufbereitung und der übersichtlichen Zuordnung von vorhandenen Ein- und Ausgangsgrößen (E und A), also dem, was vorhanden ist und was herauskommen soll.

Merke!

Mit der Black-Box-Methode wird das Ziel verfolgt, aus den Beziehungen zwischen Ein- und Ausgangsgrößen (E und A) die Funktion und von dieser den Aufbau der zu entwickelnden technischen Lösung abzuleiten.

Eine Black-Box lässt sich mit einer Geschenkbox vergleichen: Der Inhalt, das Geschenk, ist unsichtbar darin verborgen. Klopft man an die Box (E), ertönt beispielsweise eine Katzenstimme (A). Obwohl die Katze unsichtbar bleibt, können wir aufgrund von Erfahrungen den Laut eindeutig einer Katze zuordnen.

Von der Geschenkbox zur Black-Box

1: Von einem unbekannten Objekt soll der Inhalt ermittelt werden. Dazu stellt man sich das Objekt wie einen schwarzen Kasten – eine »Black-Box« – vor.

2: Wenn man an den Kasten klopft (Eingangsgröße E), reagiert das Innere, z. B. mit Miauen (Ausgangsgröße A). Schlussfolgerung: Im Kasteninneren befindet sich eine Katze.

3: Wenn man E und A zueinander in Beziehung setzt, kann auf das Kasteninnere geschlossen werden.

Diese Betrachtungsweise ist bei Geräten und Maschinen, überhaupt bei allen technischen Erzeugnissen, ähnlich. Ob elektrische Zahnbürste, Kühlschrank, Handmixer, Handy, Waschmaschine, Staubsauger, Bügeleisen oder Bohrmaschine – bei allen ist das Innere in einem Gehäuse eingebaut.

Die Trommel der Waschmaschine bestücken wir mit Wäsche. Das entspricht der Eingangsgröße E. Weitere Eingangsgrößen sind die elektrische Energie für die Trommelbewegung sowie die Einstellung des Waschprogrammes samt der notwendigen Elektronik. Diese drei Eingangsgrößen, Wäsche, elektrische Energie und Wahl des Waschprogrammes, lassen sich drei grundlegenden, allgemeinen Größen zuordnen – nämlich Stoff, Energie und Information. Die Wäsche wird als Stoff bezeichnet. Die Wahl des Waschprogrammes entspricht der Information. Die dritte Größe ist die elektrische Energie.

Stoff, Information und Energie erfahren eine Änderung ihres Zustandes. Das heißt, sie werden in der Maschine umgewandelt. Setzen wir die Ein- und Ausgangsgrößen zueinander in Beziehung, so können wir auf den inneren Aufbau der Waschmaschine schließen.

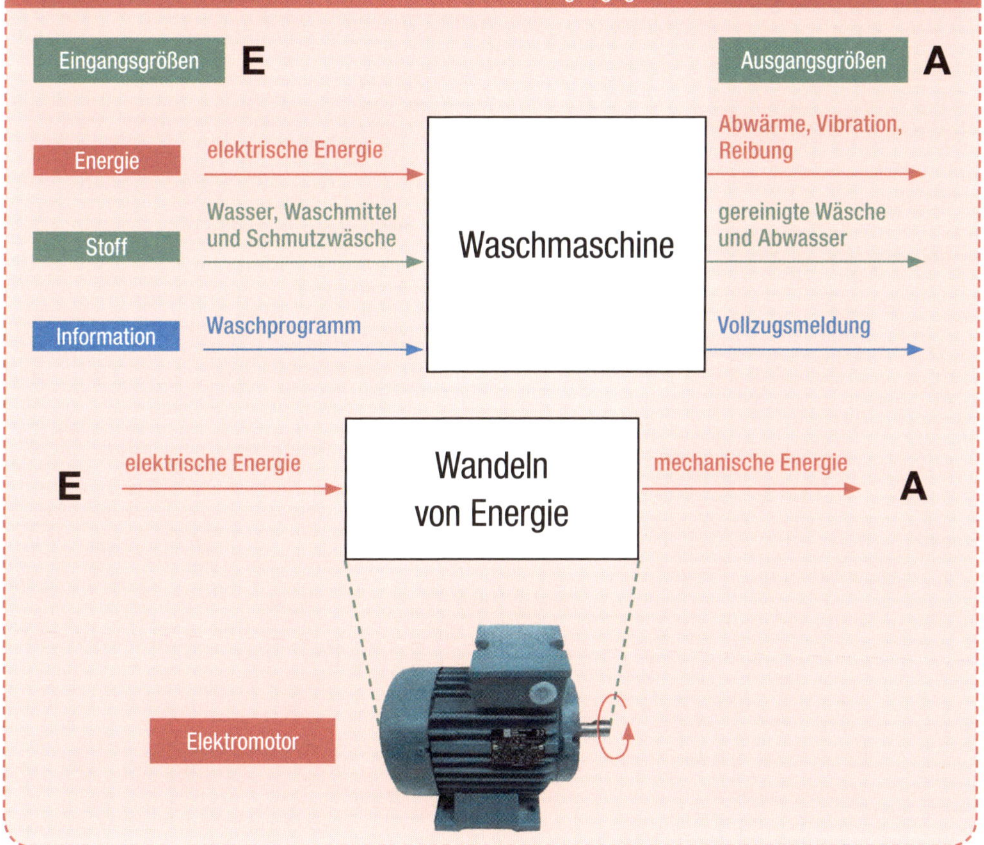

Black-Box mit Ein- und Ausgangsgrößen

Zu entwickelnde technische Lösung als Black-Box

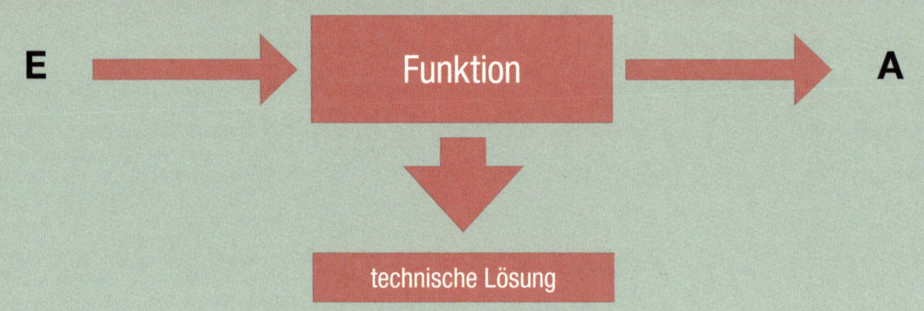

Beim Erfinden geht man ähnlich vor. Schauen wir uns zum Beispiel ein Handschleifgerät an. Gesucht ist eine technische Lösung, um die drehende Antriebsbewegung der Kurbelwelle auf die Abtriebswelle der Schleifscheibe so zu übertragen, dass die Drehzahl der Abtriebswelle größer wird.

Handschleifgerät

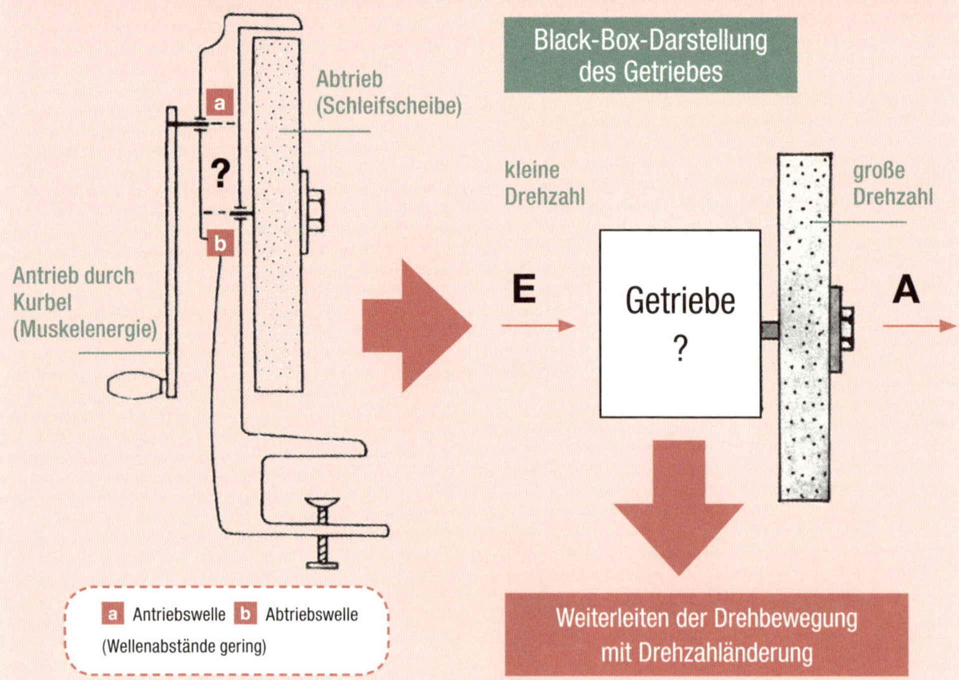

Hierbei geht es um die Übertragung von Drehbewegungen zwischen zwei parallel zueinanderstehenden Wellen. Damit das gelingt, könnten Getriebe als Übertragungsorgane zum Weiterleiten der Drehbewegung und zum Ändern der Drehzahl und Drehrichtung genutzt werden. Dabei gibt die Drehzahl die Anzahl der Umdrehungen pro Zeiteinheit an, also die Anzahl der Umdrehungen pro Minute (U/min). Es gibt beispielsweise Zahnradgetriebe und Riemengetriebe.

a) Ausgewählte Getriebearten und b) Möglichkeiten der Bewegungsübertragung

a Getriebearten

Zahnradgetriebe

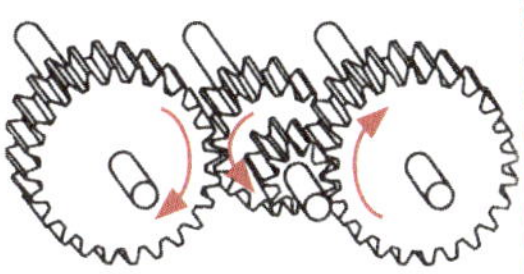

- Die Zähne der Räder greifen ineinander.
- Einsatz bei kleinen Wellenabständen

Riemengetriebe

- Der Riemen umhüllt zwei Riemenscheiben.
- Einsatz bei großen Wellenabständen

b Möglichkeiten der Bewegungsübertragung beim Stirnradgetriebe (Die Pfeile geben die Bewegungsrichtung der Zahnräder an.)

Antriebsräder	Abtriebsräder

1

Drehzahl klein

2

Drehzahl groß

3

Drehzahl gleich

Merke!

Bei einem Zahnradgetriebe greifen die Zähne des Antriebsrades in die Zahnlücken des Abtriebsrades. So wird die Drehbewegung auf die Abtriebswelle übertragen. Dabei ändert sich die Drehrichtung. Man spricht hierbei von einer formschlüssigen Übertragung der Drehbewegung, denn die Zähne der Räder greifen ineinander.

Wie sieht nun die technische Lösung beim Handschleifgerät aus? Ein Riemengetriebe kommt für die Lösung deshalb nicht in Frage, weil der Wellenabstand, also der Abstand von Welle 1 zur Welle 2, zu klein ist. Eine geeignete Lösung zur Bewegungsübertragung stellt bei kleinen Wellenabständen das Zahnradgetriebe dar, das aus einem Zahnradpaar besteht.

Die Drehzahl gibt an, wie viele Umdrehungen das Abtriebsrad bei einer Umdrehung des Antriebsrades macht. Vergleichen wir nun die Drehzahlen der drei Anordnungsmöglichkeiten in der vorangegangenen Abbildung und finden heraus, welche von den drei Möglichkeiten für das Handschleifgerät in Frage kommt. In diesem Fall ist die zweite Möglichkeit die richtige. Bei einer Umdrehung des Antriebsrades dreht sich das Abtriebsrad zwei Mal. Die Schleifscheibe besitzt in dem Fall gegenüber der Antriebsdrehzahl eine größere Abtriebsdrehzahl.

i Verallgemeinern und Neuformulieren von Problemen

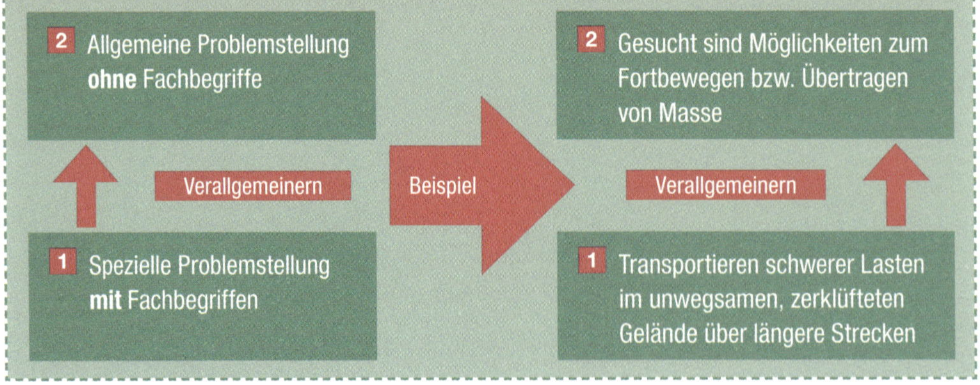

Eine geeignete Übertragungsmöglichkeit finden

Gesucht ist eine Übertragungsmöglichkeit der Drehbewegung von der waagerecht angeordneten Welle des Elektromotors zur senkrecht stehenden Welle des Karussells!

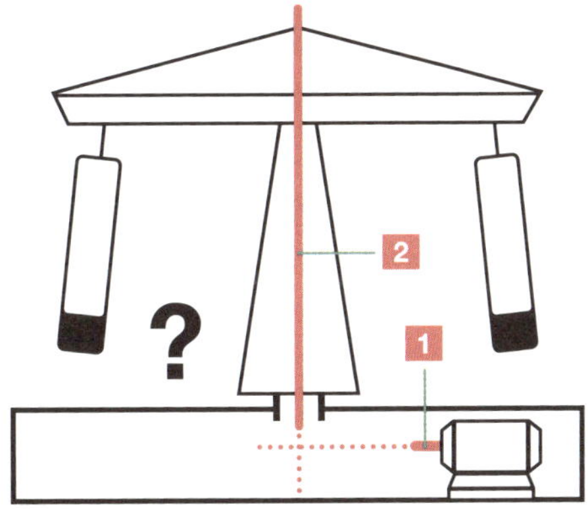

1 Antriebswelle (Elektromotor)

2 Abtriebswelle (Karussell)

Ein weiteres Getriebe ist das Kegelradgetriebe. Es gehört wie das Stirnradgetriebe zu den Zahnradgetrieben. Für die Übertragung der Drehbewegung von der Welle 1 des Elektromotors auf die Welle 2 des Karussellbaumes soll ein Kegelradgetriebe eingesetzt werden.
Informiere dich über Aufbau und Funktion eines solchen Getriebes in Informationsquellen und fertige dazu eine Lösungsskizze an!

Wenden wir uns wieder der Black-Box-Methode zu. Diese Methode ist nicht nur hilfreich, wenn es darum geht, ein Problem zu erfassen. Sie lässt sich auch nutzen, um Probleme neu zu formulieren oder zu verallgemeinern.

Wir hatten festgestellt, dass sich bei einer genauen Problemformulierung mit Fachbegriffen die Lösungsauswahl meist nur auf ein Fachgebiet bezieht und dadurch begrenzt ist. Um zunächst viele Lösungsmöglichkeiten sammeln zu können, sollte das Problem daher allgemein formuliert werden (vgl. Grafik Seite 50) Das erhöht die Wahrscheinlichkeit, dass sich unter den vielen Lösungsmöglichkeiten originelle und neuartige Lösungen befinden.

Die richtige Problemerkenntnis ist der springende Punkt beim Erfinden. Daher sollte das Problem gründlich durchdacht werden. Bei der Lösung technischer Probleme treten oft Schwierigkeiten auf. Mitunter denkt man, dass es unmöglich ist, das vorliegende Problem zu lösen. Die Geschichte der Erfindungen kennt viele solcher Beispiele. So wurde der Flugpionier Otto Lilienthal

(1848–1896) mit Vorurteilen von Fachleuten konfrontiert, die behaupteten, dass das Fliegen mit einem »Gerät schwerer als Luft« unmöglich sei. Dank der Entdeckung des aerodynamischen Auftriebs am Vogelflügel konnte er die Fachleute eines Besseren belehren. Auch wenn auf dem Weg zum funktionsfähigen Flugapparat Schwierigkeiten auftraten und dabei unzählige Experimente fehlschlugen, ließ sich Lilienthal nicht entmutigen, sein Ziel zu verfolgen, bis es erreicht war. Einmal sagte er: »Im Unterschied zu anderen Forschern und Erfindern höre ich nicht auf, bevor ich erreicht habe, was ich will!«

Als der Erfinder des Telefons, Graham Bell (1847–1922), damit begann, seinen Apparat vorzustellen, verlangte eine bekannte Zeitung, »diesen Scharlatan« zu verhaften. Die Zeitung verbreitete die Ansicht, dass die Behauptung, man könne eine menschliche Stimme über einen gewöhnlichen Metalldraht zu einem anderen übertragen, im höchsten Grad lächerlich und dumm wäre. Erfinder wie Bell geben jedoch nicht auf und forschen trotz solcher Vorurteile weiter. Angst vor Fehlschlägen haben sie nicht, obwohl sie natürlich auch Fehler machen. Aber den gleichen Fehler machen sie nicht noch einmal, sondern korrigieren ihn und lernen daraus.

Um Ziele zu erreichen, braucht man Mut, Ausdauer und Energie. Uns lehrt dieses Beispiel, dass man mit Schwierigkeiten umgehen kann und sich auch von einem Misserfolg nicht unterkriegen lässt. Nur wenn nach einem Rückschlag neu angefangen wird, lässt sich ein Problem früher oder später lösen. Überhaupt sollte man das Wort »unmöglich« beim Lösen von Problemen vermeiden. Dabei geht es uns oft so ähnlich wie einer ratlosen Henne, die immer und ewig am Zaun entlangläuft und eine Öffnung sucht, um an Futter zu gelangen. Um das Futterproblem zu bewältigen, müsste sie sich von der Fixierung auf das Zaunstück lösen und einen erweiterten Standpunkt einnehmen.

Dabei stützen wir uns auf die Aussage: »Ein Problem zu lösen heißt, sich vom Problem zu lösen!« Für neue Ideen muss man den eigenen Blickwinkel erweitern und Überlegungen in andere Richtungen lenken. Fachleute be-

Henne mit Futterproblem

zeichnen Denken in viele verschiedene Richtungen als divergentes Denken. Es unterscheidet sich wesentlich vom herkömmlichen Denken (konvergentes Denken), das nur auf eine Lösungsrichtung fixiert ist.

Denkweisen: konvergentes und divergentes Denken

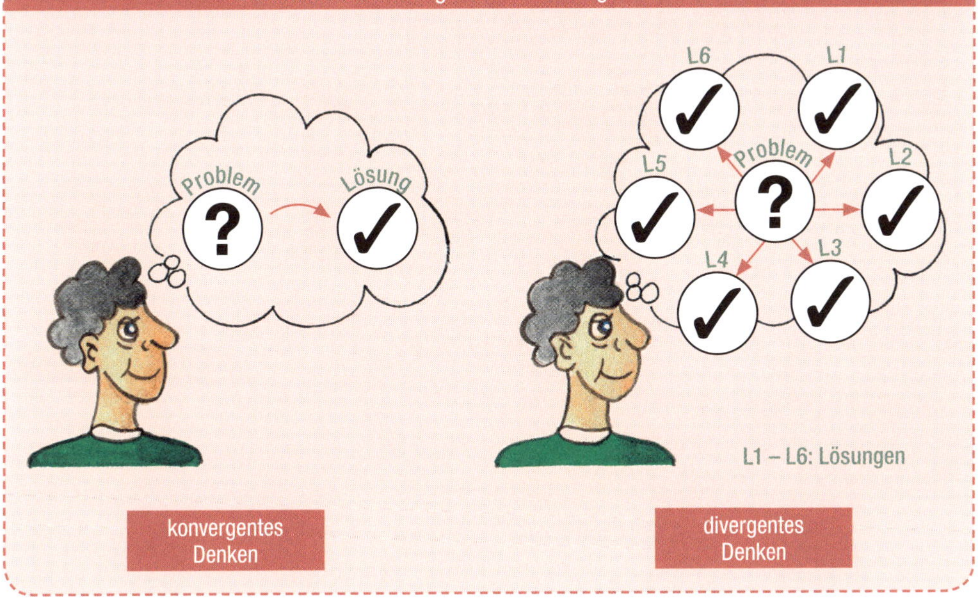

Auch das nachfolgende Kreativitätstraining ist nicht durch konvergentes, sondern nur durch divergentes Denken lösbar.

9-Punkte-Problem

Verbinde alle neun Punkte mit vier Geraden, ohne dabei das Schreibgerät abzusetzen. Die Aufgabe kann nur erfüllt werden, wenn man den Blick von der quadratischen Punktfigur abwendet und die Lösung außerhalb dieser Figur sucht – das ist auch beim Futterproblem der Henne so. In beiden Fällen ist ein Blick über den »Tellerrand« hilfreich; er überwindet Denkbarrieren und Denkhindernisse.

Denkbarriere auf dem Weg vom Problem zur Lösung

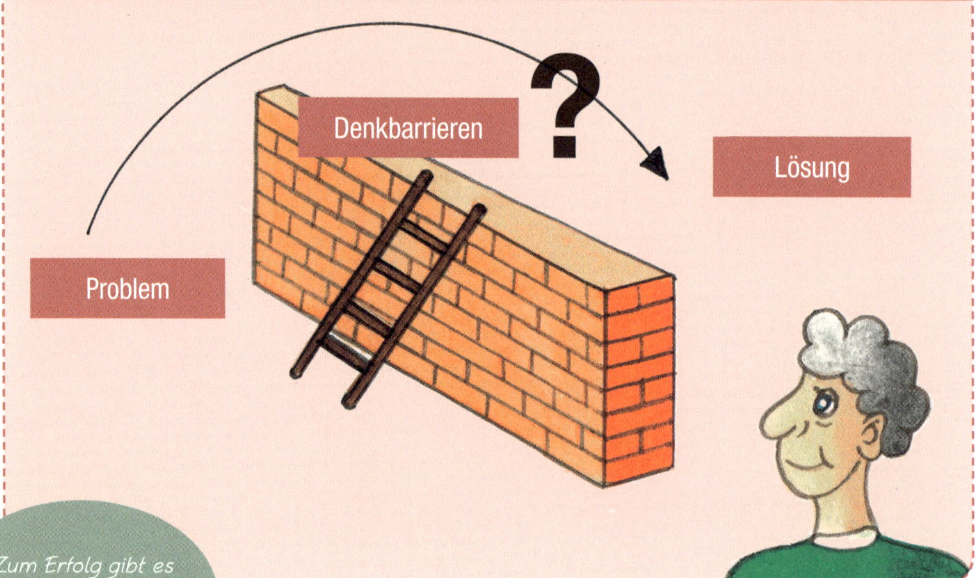

Mit Problemlösungsmethoden gelingt das. Methoden lassen sich mit einer Stufenleiter vergleichen, die an einer Denkbarriere angelegt wird, um sie leichter zu überwinden. So können Methoden nicht nur Kreativität steigern, sondern uns von gewohnten Denkmustern befreien. Kreativität bedeutet, aus alten Denkbahnen auszubrechen, Denkgewohnheiten abzulegen, beim Problemlösen nicht aufzugeben und das Unmögliche möglich machen.

MIT METHODEN ERFOLGREICH ZUR PROBLEMLÖSUNG

Methoden zur Lösung von Problemen wurden schon in früheren Zeiten gesucht. So entwickelte der griechische Philosoph Sokrates (469–399 v. u. Z.) eine Methodenlehre für den Erkenntnisgewinn, die er Mäeutik nannte. Auch Archimedes von Syrakus (287–212 v. u. Z.), ein griechischer Mathematiker, Physiker und Ingenieur schuf eine eigene Methodenlehre. Der Philosoph Gottfried Wilhelm Leibniz (1646–1716) gelangte zur Erkenntnis, dass durch Kombination nur weniger Elemente Unendliches zusammengesetzt werden kann. Das ist der Kern der Kombinationsmethode. Der Begründer der Physikalischen Chemie Wilhelm Ostwald (1853–1932) beschäftigte sich ebenso mit methodischen Vorgehensweisen, z. B. mit der Kombinatorik. Er hob hervor, wie nützlich Kombinationen beim Erfinden sein können.

Lernen wir die Kombinationsmethode an einem Beispiel kennen. Wir alle kennen die Geschichte von Robinson Crusoe aus dem Abenteuerroman von Daniel Defoe. Auf einer einsamen Insel, auf der Robinson allein nach einem Schiffbruch leben musste, erfand er so mancherlei brauchbare Geräte. Dabei ging er methodisch vor. Seine Öllampe erfand er, indem er den auf der Insel vorhandenen Naturmaterialien und -objekten neue Funktionen gab. Beispielsweise speicherte er Brennstoff in einem Muschelgehäuse. Pflanzenfasern dienten als Dochtmaterial, mit dem Bienenwachs abgebrannt werden konnte. Indem Crusoe die Naturmaterialien und -objekte miteinander kombinierte, konnte er eine geeignete Beleuchtungseinrichtung bauen.

Wie Robinson Crusoe
eine Lampe erfand ...

1
Ich brauche eine geeignete Beleuchtung!

2
Ich fertige eine Lampe an – aber woraus soll sie bestehen?
Robinson braucht einen Behälter für den Brennstoff, den Brennstoff selbst und natürlich auch Dochtmaterial.

3
Aber woher bekomme ich den Brennstoff? Bienenwachs oder Harz wären geeignet …
4
Als Brennstoffbehälter könnte eine Muschelschale dienen.

5
Die wäre für den Brennstoffbehälter geeignet!

6
Oder vielleicht eine Schale der Kokosnuss? Auch ein ausgehöhlter Stein müsste sich eignen.

Wie Robinson Crusoe eine Öllampe erfand

9
Robinson schreibt in den Sand …
Der Behälter muss hitzebeständig sein. Die Muschelschale eignet sich besser als die Schale der Kokosnuss.
Behälter
Kokosnuss
Schale
Stein
Brenn-stoff
Wachs
Harz
Docht-material
Fasern
Robinson untersucht die Naturobjekte auf ihre Eignung und kombiniert sie in einer Tabelle, um eine Lampe zu erfinden.

10
Diese Schale ist viel größer und daher besser für den Brennstoffbehälter geeignet.
Nun hat Robinson sämtliche Teile und Materialien zusammengetragen, um daraus eine Lampe herzustellen.

11
Am nächsten Abend …
Ziemlich gemütlich in meiner Behausung!

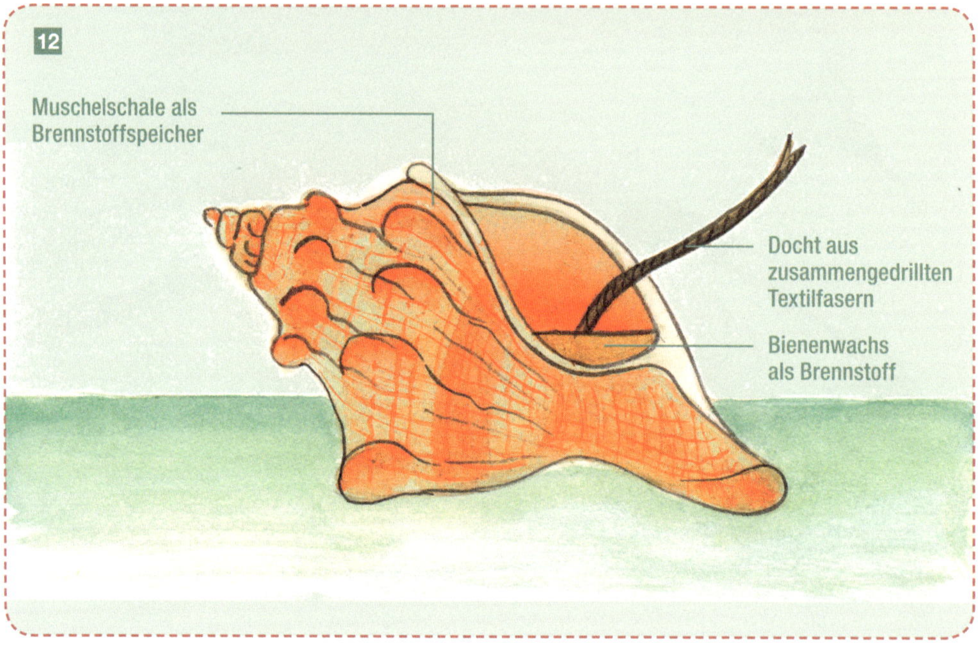
12
Muschelschale als Brennstoffspeicher
Docht aus zusammengedrillten Textilfasern
Bienenwachs als Brennstoff

DIE IDEENKONFERENZ

Mit der Ideenkonferenz als Methode wird das Ziel verfolgt, im Team möglichst viele Ideen zur Lösung eines Problems in kurzer Zeit zusammenzutragen. Ein Team ist vergleichbar mit dem Zellverbund in einer Pflanze, einem Tier oder einem Menschen. Es kommt auf das Zusammenwirken der einzelnen Zellen im Verbund an. Das ist entscheidend für die Lebensfunktionen im Gesamten. Eine einzelne Zelle kann nicht viel ausrichten. Das Ganze ist mehr als die Summe der einzelnen Teile.
Im Team entstehen mehr Ideen, als eine Person allein entwickeln kann. Die Teammitglieder bereichern ihre Gedanken gegenseitig. Besonders gut geht das, wenn sie aus unterschiedlichen Fachbereichen kommen. So lassen sich systematisch ähnliche Lösungen aus anderen Gebieten aufdecken, miteinander verknüpfen und verändern.

Bei der Ideenkonferenz müssen Ideenfindung und Ideenbewertung strikt voneinander getrennt werden. Damit soll erreicht werden, dass während Ideen noch geformt werden, Kritik und Bewertungen nicht schon geäußert werden. Wenn nämlich vorzeitig kritisiert wird, versiegt schnell der Ideenfluss. Daher sind abwertende Einwände, wie »Das geht sowieso nicht!«, »Das haben wir noch nie so gemacht!«, »Das ist viel zu teuer!«, »Unmöglich!« usw., von den Teammitgliedern zu vermeiden. Solche Einwände entstehen deshalb sehr oft, weil man ohne Lösungsidee von vornherein annimmt, dass das Problem überhaupt nicht lösbar sei. Der Phantasie sollen jedoch keine Grenzen gesetzt werden. Jede Idee ist erwünscht, auch wenn diese auf den ersten Blick unsinnig und abwegig erscheint.

Der Ideenkonferenz liegt der Ansatz zugrunde, dass jede Idee zunächst durch eine Person entsteht und dann durch die Diskussion der Gruppenmitglieder mit weiteren Informationen angereichert wird. Dadurch reift die Idee. Bei der Ideenkonferenz kommt es auf die Anzahl der gewonnenen Ideen an. Somit wird die Wahrscheinlichkeit erhöht, dass sich unter den vielen Ideen auch einige originelle Ideen und sogar die »Super-Idee« befinden kann. Unter den Teammitgliedern sollte sich ein Biologe befinden, damit auch Lösungsideen aus der lebenden Natur gewonnen und besprochen werden können.

Bewertungsmethoden

Mit den Bewertungsmethoden wird das Ziel verfolgt, jede Lösungsvariante daraufhin zu bewerten, ob bestimmte Forderungen erfüllt oder nicht erfüllt werden. Dazu werden Bewertungstabellen verwendet. Man unterscheidet die Dualbewertung und die Punktbewertung. Bei der Dualbewertung wird jede Variante mit entweder »ja« (1) oder »nein« (0) in Bezug auf die Erfüllung von Bewertungskriterien beurteilt. Bei der Punktbewertung dagegen wird jeder Lösungsvariante hinsichtlich der Erfüllung jedes aufgestellten Bewertungskriteriums eine vorher festgelegte Punktzahl (1 bis 5) zugeordnet. Diejenige Variante, welche die höchste Punktzahl erreicht, ist die günstigste. Die Anzahl der Bewertungskriterien sollte immer eine ungerade Zahl ergeben (in diesen Tabellen sind es fünf Kriterien). Eine gerade Anzahl, wie beispielsweise zwei, vier oder sechs, würde zum »Unentschieden« führen – eine Entscheidung wäre daher nicht möglich.

Tabelle zur Dualbewertung

Bewertungskriterien	Variante 1	Variante 2	Variante 3
Funktionserfüllung	1	0	1
Materialbedarf	1	0	0
Energiebedarf	0	1	1
Herstellungsaufwand	1	1	0
Kosten	1	1	0
	4 *	**3**	**2**

Tabelle zur Punktbewertung

Bewertungskriterien	Variante 1	Variante 2	Variante 3
Funktionserfüllung	3	2	4
Materialbedarf	4	3	5
Energiebedarf	4	3	5
Herstellungsaufwand	4	3	5
Kosten	4	2	5
	19	**13**	**24** *

Tabelle zur Dualbewertung mit Piktogrammen
(einfache Bilder oder Symbole für »gut« und »schlecht«)

Bewertungskriterien	Variante 1	Variante 2	Variante 3
Funktionserfüllung			
Materialbedarf			
Energiebedarf			
Herstellungsaufwand			
Kosten			
	 *		

* die jeweils günstigste Variante

Eine Person aus dem Team wird als Diskussionsleiter oder Moderator gewählt, führt in die Problematik ein, beschreibt diese kurz und sorgt dafür, dass bestimmte Regeln eingehalten werden.

Regeln:

- mindestens vier, höchstens acht Teilnehmende
- abgeschlossener, heller Raum, der störungsfreies Arbeiten sichert
- runder Tisch, der den Teilnehmenden das Gefühl der Gleichberechtigung gibt
- Teilnehmende aus unterschiedlichen Fachgebieten, um sich gegenseitig anzuregen
- Diskussionsleiter erläutert treffend das Problem
- offenes, ungezwungenes Äußern aller Teilnehmenden
- Kritik bzw. Wertung der Ideen ist zunächst unerwünscht, da sonst der Ideenfluss gehemmt oder unterbrochen wird.

Merke!

Mit der Ideenkonferenz wird das Ziel verfolgt, im Team Lösungsideen in freier und ungezwungener Atmosphäre zu sammeln. Hierbei werden Lösungen aus unterschiedlichen Fachgebieten durch die Gruppenmitglieder eingebracht.

- Protokollieren aller Ideen in einer Ideenliste
- Ideenauswertung erfolgt später, evtl. in einer anderen Beratung (1. Gewinnen von Lösungsideen, 2. Bewerten der Lösungsideen)

Für die Methode der Ideenberatung eignet sich die nachfolgende Schrittfolge als Vorgehensweise:

1. Formulieren des zu lösenden technischen Problems
2. Finden möglichst vieler Lösungsideen und Notieren in einer Ideenliste (Analogiemethode verwenden)
3. Bewerten der Ideen und ermitteln der günstigsten Lösung (Bewertungsmethode verwenden)
4. Ausarbeiten der technischen Lösung

Wir erfuhren im Abschnitt 4, dass bei der Formulierung eines Problems darauf zu achten ist, dass es ohne Fachbegriffe beschrieben wird. Fachbegriffe verlangsamen das Denken. Es werden dabei vornehmlich Lösungen gefunden, die aus dem entsprechenden Fachgebiet stammen. Außerdem lenken sie das Denken in die Richtung bereits bekannter Lösungen, für die man das spezielle, also das mit Fachbegriffen angereicherte Problem, formuliert hat. Daher führt die Ideengewinnung gewöhnlich nicht zu originellen Lösungen, wenn Fachbegriffe nicht durch allgemeine Formulierungen ausgetauscht werden.

Beispiel: Entwicklung eines Roboterarmes, der zylinderförmige Werkstücke vom Lagersichtbehälter aufnimmt, dann zur Bearbeitungsstation der Werkzeugmaschine transportiert und dort geordnet ablegt. Bei dieser konkreten Problemstellung wird die Entwicklung auf den Roboterarm orientiert.

Die Ideenkonferenz

Nicht so …

Merke!

Ideenfindung und Bewertung der Lösungsideen sind zeitlich voneinander zu trennen, weil sonst der Ideenfluss wegen der Kritik versiegen könnte.

… sondern so!

Aber vielleicht gibt es noch andere technische Möglichkeiten des Werkstücktransportes? Das Denken ist vorschnell auf den Roboterarm gerichtet und lässt andere Lösungen außer Betracht. Wird aber allgemeiner, ohne Fachbegriffe formuliert - gesucht ist eine technische Lösung zum Transportieren von Gegenständen –, eröffnen sich weit mehr Lösungsmöglichkeiten. Das ist auch für die nächste Methode von Bedeutung.

DIE SYNEKTIK

Die Synektik ist eine Methode zur Förderung des kreativen Denkens und ist der Ideenberatung ziemlich ähnlich. Wie bei der Ideenberatung wird auch bei ihr davon ausgegangen, dass die Leistung des Teams größer ist als die jedes einzelnen Teammitglieds. Wir erfuhren in den vorangegangenen Abschnitten, dass durch Analogiebildung viele Erfindungen gemacht wurden. Bei der Synektik wird ebenfalls die Analogiebildung genutzt, um einfache und außergewöhnliche Erfindungen hervorzubringen. Der Begriff Synektik hat seinen Ursprung im Griechischen und bedeutet »Verbindung von unterschiedlichen und scheinbar nicht zusammengehörenden Dingen«.

Synektik setzt darauf, dass ein für uns ziemlich schwer verständliches Problem besser verstanden werden kann, wenn wir Analogien verwenden. Dabei geht man davon aus, dass ein ähnliches Problem bereits irgendwo in der Technik oder in der lebenden Natur gelöst wurde. Bereits vorhandene Erfindungen sowie Pflanzen und Tiere werden für das aktuell zu lösende Problem als erste Vorschläge ausgewählt. Durch die Analogiebildung wird das Problem verfremdet. Auf diese Weise wird erreicht, dass das Team verschiedene, scheinbar voneinander unabhängige Dinge miteinander kombiniert.

Die ersten spontanen Lösungsideen sind meistens herkömmlich, weil noch Denkbarrieren vorhanden sind. Erst muss man sich auch hier wieder vom eigentlichen Problem lösen. Analogien können dabei behilflich sein, insbesondere dann, wenn sie aus weit entfernten Gebieten genommen werden. Spontane Lösungsideen kommen meist aus dem eigenen Fach- oder Interessengebiet und originelle Ideen lassen sich besser aus anderen Gebieten wie der Natur ableiten. Erfinder bezeichnen das als Analogieweite. Sie kennzeichnet den Ideensuchraum, der vom eigenen Fach- und Interessengebiet bis zur Natur reicht. Eine solche Erweiterung des Ideensuchraumes haben wir bei der Lösung des 9-Punkte-Problems schon kennengelernt.

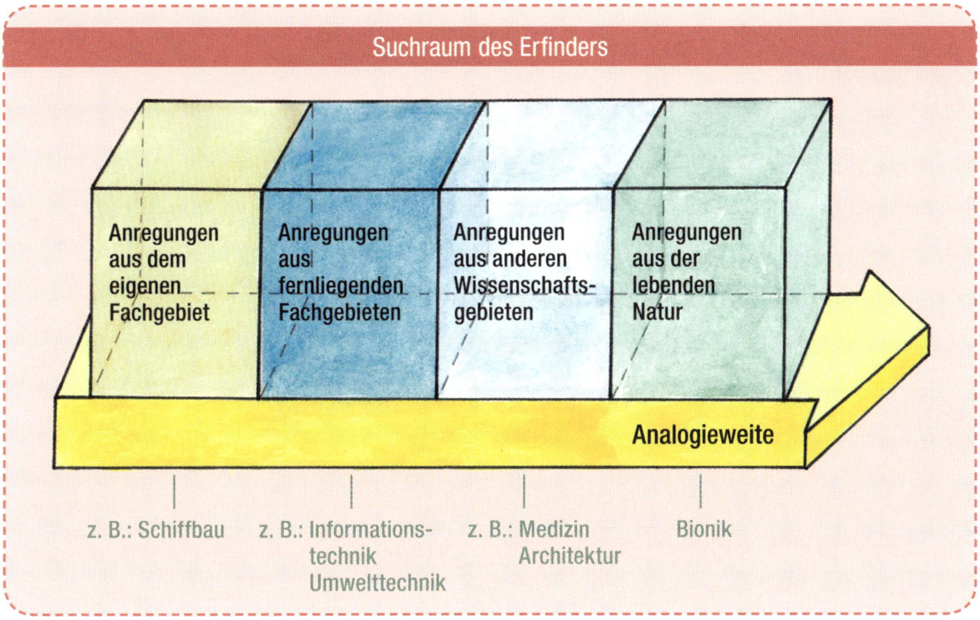

Bei der Synektik besteht die günstigste Teamgröße aus sechs bis neun Personen. Das Team sollte nicht größer sein, da bei mehr Mitgliedern das Zusammengehörigkeitsgefühl verloren geht und sich Untergruppen bilden können. Der notwendige Gedankenaustausch ist dann nur schwer möglich. Ist das Team jedoch zu klein, entstehen nur wenige Ideen.

Bei einer Synektiksitzung sind ebenfalls Regeln zu beachten:

- keine vorzeitige Kritik und Bewertung von Lösungsvorschlägen (Ideenfindung und Bewertung zeitlich trennen)
- klarer Ablauf zur Orientierung für alle Gruppenmitglieder
- Ideenvorschläge protokollieren
- allein und gemeinsam Ideen entwickeln.

Auch für die Synektik gibt es eine Vorgehensweise. Den Ausgangspunkt der Sitzung bildet stets ein Problem, für das eine technische Lösung gesucht wird.

Merke!

Mit der Synektik wird das Ziel verfolgt, im Team Analogien aus den verschiedensten Gebieten zu nutzen und so miteinander zu verknüpfen, dass dadurch neuartige und originelle Lösungen entstehen.

1. Untersuchen und Klären des Problems
   Diskussionsleiter trägt das Problem vor und untersucht es gemeinsam mit den Teammitgliedern.
   Dabei wird die W-Fragen-Methode genutzt.

W-FRAGEN-METHODE

Mit Hilfe dieser Methode der Informationsgewinnung kann ein Problem untersucht und übersichtlich dargestellt werden. Der Problemgegenstand, also das, was das Problem beinhaltet, wird durch Merkmale gekennzeichnet und mit Hilfe von W-Fragen geordnet. Dazu dient der W-Fragen-Stern. Mit ihm lassen sich die für die Problemlösung gesammelten Informationen übersichtlich darstellen.

2. Ermitteln von spontanen Lösungsideen
   Teammitglieder tragen alle möglichen Lösungsideen zusammen, die ihnen einfallen.
3. Neuformulieren bzw. Verallgemeinern des Problems
   Das Problem wird ohne Fachbegriffe formuliert.
4. Bilden von Analogien aus der Natur – wie wird das Problem in der Natur gelöst?
   Auswahl des Naturvorbildes, das eine originelle Lösung verspricht.
5. Bilden von persönlichen Analogien
   Hineindenken in das ausgewählte Naturvorbild und Äußern von dessen Empfindungen (»Wie fühle ich mich als …?«),
   Auswählen der geeignetsten Empfindung

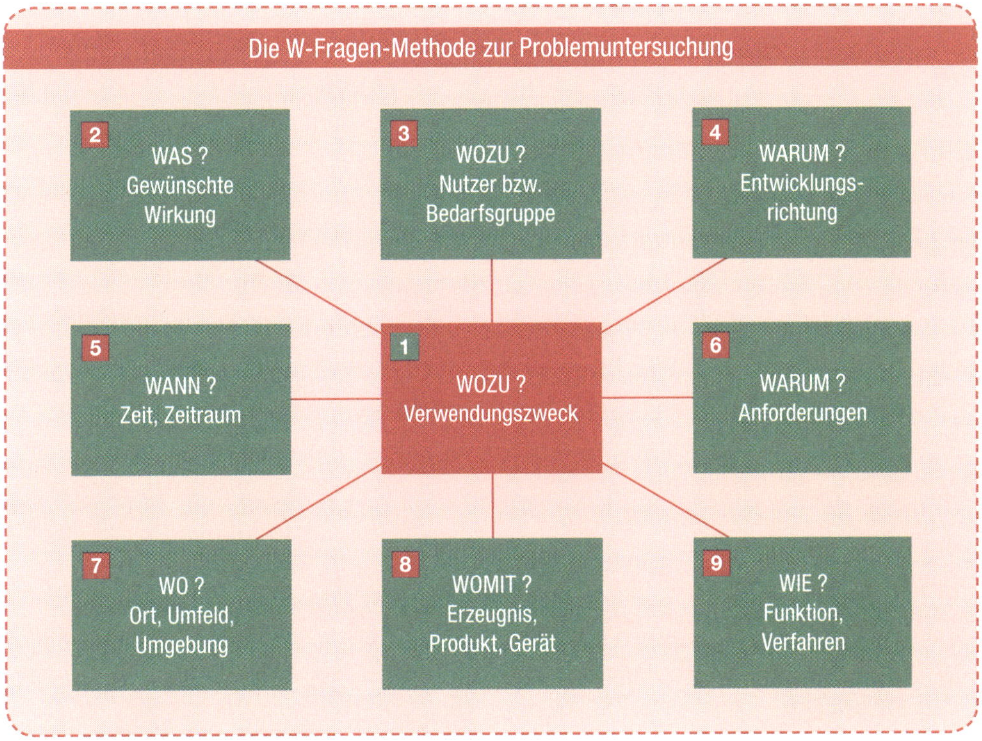

6. Bilden von symbolischen Analogien und Auswählen der treffenden Analogie
   Die ausgewählte Empfindung wird in eine symbolische Analogie umgesetzt. Dazu muss ein Ausdruck aus zwei Wörtern gebildet werden, die zueinander im Widerspruch stehen.
   Anschließend wird auch hier die passende symbolische Analogie ausgewählt, die zur Problemlösung am besten passt.
7. Bilden von Analogien aus der Technik
   Hierbei sollen technische Erzeugnisse genannt werden, auf die die ausgewählte symbolische Analogie passt.
8. Formulieren von Merkmalen des Aufbaus und der Funktion von den im Schritt 7 genannten technischen Erzeugnissen und übertragen dieser Merkmale auf das Problem,
   dabei Ableiten und Entwickeln von technischen Lösungen aus den Merkmalen und Auswählen der günstigsten Lösung durch Bewerten (Auch hier die Bewertungsmethode verwenden.)

ANWENDUNG DER SYNEKTIK

Das Problem des sicheren Lastentransportes über längere Strecken in unwegsamen, zerklüfteten Gelände soll gelöst werden.
In Schritt 1 erfolgt die Untersuchung der Problemstellung. Mit dem W-Fragen-Stern werden Informationen gewonnen und für die Teammitglieder übersichtlich geordnet. Dabei klärt der Diskussionsleiter Verständnisfragen.

1 Untersuchung der Problemstellung

Der Schritt 2 ist auf die Ermittlung spontaner Lösungsideen gerichtet. Die Teammitglieder äußern Ideen aus ihren Erfahrungsbereichen. Dabei werden die Regeln der Ideenberatung konsequent umgesetzt.

2 Ermitteln erster Lösungsideen

a Offroader
b Ballon
c Lkw
d Kettenfahrzeug

Um die Anzahl und Originalität der Lösungsideen zu erhöhen, wird mit Schritt 3 das Problem allgemeiner formuliert.

3 Neuformulierung des Problems ohne Fachbegriffe

a Transportieren schwerer Lasten im unwegsamen, zerklüfteten Gelände über längere Strecken.

→

b Gesucht sind Möglichkeiten zum Fortbewegen bzw. Übertragen von Masse.

Im 4. Schritt ist zu untersuchen, wie die lebende Natur Fortbewegung löst. Zu diesem Zweck werden Analogien aus der Natur gebildet und daraus eine treffende Analogie, die der Problemlösung am nächsten kommt, ausgewählt. Die Teammitglieder entscheiden sich hierbei für die Spinne, weil sie mit ih-

4 Bilden von Analogien aus der Natur

a Affenmutter mit Jungem b Weinbergschnecke c Schnellkäfer d Spinne e Känguru mit Jungem im Beutel f Ameisenbär mit Jungem ren acht Beinen scheinbar problemlos alle möglichen Hindernisse auf ihrem Weg überwinden kann.

Bilden von persönlichen und symbolischen Analogien

Im Schritt 5 werden nun persönliche Analogien mit der Spinne gebildet. Die Teammitglieder versuchen sich in die Spinne hineinzuversetzen (Wie fühle ich mich als Spinne?). Dabei sollen die Teammitglieder ihre Empfindungen beim Fortbewegen schildern, wie zum Beispiel:

- Ich bin stolz auf meine langen Beine, die wie Hebel wirken.
- Ich bewege mich tastend durch das Gelände.
- Ich habe Angst, Fressfeinden zu begegnen.
- Ich stütze meinen Körper rundum ab usw.

Das Team wählt »Ich bewege mich tastend vorwärts« aus.

Im 6. Schritt werden symbolische Analogien zur ausgewählten Empfindung gebildet. Hierzu sollen widersprüchliche Vergleiche zur tastenden Vorwärtsbewegung formuliert werden. Ein Widerspruch stellt einen Gegensatz dar, wie zum Beispiel sanfter Zwang, der für eine Umarmung steht. Folgende widersprüchliche Begriffe wurden gebildet:

- helle Dunkelheit
- sensible Robustheit
- niedrige Höhe
- blinder Sehender usw.

Auch hierbei entscheidet sich das Team für die treffende symbolische Analogie. Das Team wählt »sensible Robustheit« aus.

Nun folgt Schritt 7: Es werden Analogien aus der Technik gebildet, auf die sensible Robustheit zutrifft. Es wird die Frage formuliert, welche Beispiele es für sensible Robustheit in der Technik gibt.

Die Teammitglieder finden den Industrieroboter, das Segelflugzeug, einen Teil des mechanischen Uhrwerkes und die Dampfmaschine.

7 Bilden von Analogien aus der Technik

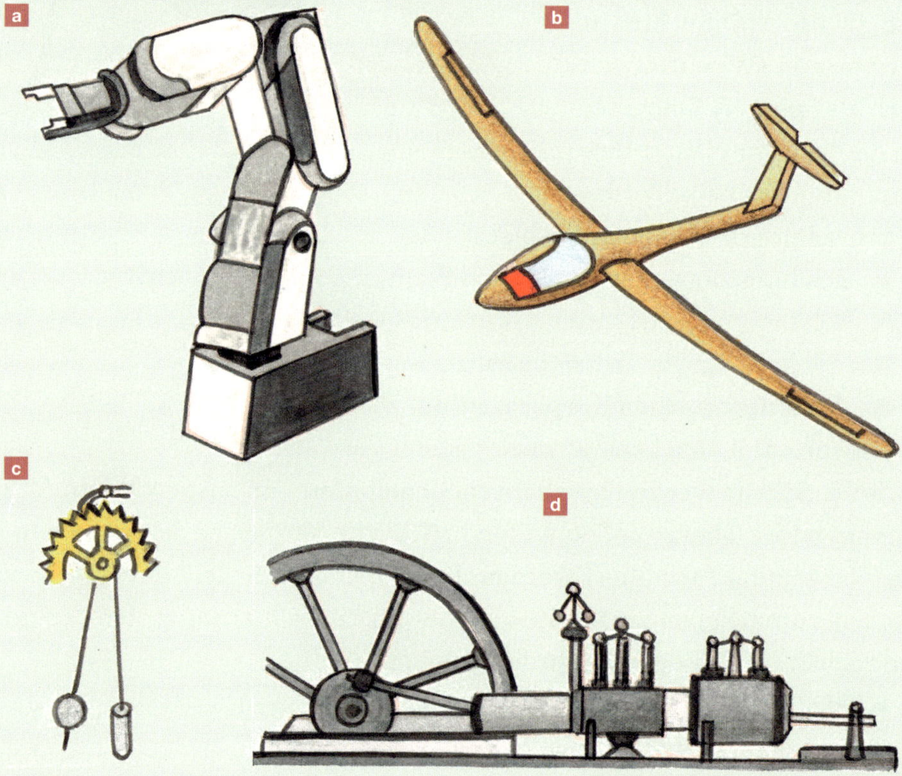

a Industrieroboter b Segelflugzeug
c Teil des mechanischen Uhrwerks d Dampfmaschine

Im nächsten Schritt 8 listet das Team Merkmale dieser Technik-Analogien auf. Dabei werden Merkmale ermittelt, die für das Ausgangsproblem zutreffend sind.

Merkmale des Industrieroboters sind nach Ansicht der Teammitglieder:

- computerorientierte Steuerung,
- gleichbleibende Leistung,
- hohe Arbeitsgenauigkeit,
- Programmierbarkeit und
- hohe Arbeitsgeschwindigkeit.

Mit den anderen Technik-Analogien, wie Segelflugzeug, Uhrwerk und Dampfmaschine wird ebenso verfahren. Anschließend werden von diesen Merkmalen Lösungsansätze abgeleitet, wie:

- Fahrzeug, welches so gesteuert wird, dass Hindernisse leicht bewältigt werden können
- Fahrzeug, welches Hindernisse mit Kamera erfasst, im Speicher abbildet, vergleicht und daraus Steuerbefehle zur Fortbewegung ableitet
- Fahrzeug, welches mit den unterschiedlichsten Sensoren ausgerüstet ist
- Fahrzeug, welches bei Erhöhung der Transportmasse gleichbleibende Transportgeschwindigkeit gewährleistet usw.

Diese Lösungsansätze dienen der Ausarbeitung von Fortbewegungsmitteln, die den ursprünglichen Anforderungen, wie Beförderungssicherheit und Geländegängigkeit, gerecht werden. Mit der Bewertung der einzelnen Lösungen kann die günstigste Variante, der Spinnen-Roboter, ermittelt werden. Danach erfolgt die schrittweise Ausarbeitung dieses Roboters.

Synektik und Ideenberatung sind sehr nützlich, um möglichst viele Lösungsideen zu erzeugen. Die Synektik kann zusätzlich durch das Verfremdungsprinzip zu völlig ausgefallenen und originellen Lösungen führen.

Methoden wie Beobachtung, Analyse, Beschreibung und Analogiebildung ermöglichen eine Befragung der Natur und können als Wegweiser verstanden werden, um Denkbarrieren erfolgreich zu überwinden.

9 Bau und Erprobung eines Spinnenroboter-Modells

5 WEGWEISER ZUM NATURORIENTIERTEN ERFINDEN

Bionischer Denk- und Handlungsprozess

»Wer das Ziel nicht kennt,
kann den Weg nicht finden!«
Unbekannt

Der bionische Denk- und Handlungsprozess ist durch einzelne Schritte gekennzeichnet, die zielgerichtet und sicher zu einer neuen technischen Lösung führen. Der Prozess ist wie ein Wegweiser. Mit der passenden Vorgehensweise als Wegweiser lässt sich eigentlich jedes Problem lösen. Durch zielgerichtetes und methodisches Vorgehen denkt und arbeitet man nicht nur erfolgreicher, sondern lernt auch, wie man sich neues Wissen rational aneignen kann. Das neu erworbene Wissen lässt sich auf den Problemsachverhalt übertragen und führt schließlich zur Lösung des Problems – auch in Form einer Erfindung.

Erfinden bedeutet im Kern, eine allgemeine Vorgehensweise mit all ihren Methoden zu nutzen. Sie lenkt das Denken von einem Ausgangszustand, der technischen Problemstellung, zum Ziel, der technischen Lösung. Eine allgemeine Vorgehensweise besteht aus einer zweckmäßigen Folge von Schritten, die nacheinander bearbeitet werden können. Aber wie schon angedeutet, treten beim Übergang von einem Schritt zum anderen oft Denkbarrieren auf, die zunächst unüberwindbar erscheinen. Mit Hilfe passender Methoden können solche Denkbarrieren schnell überwunden werden.

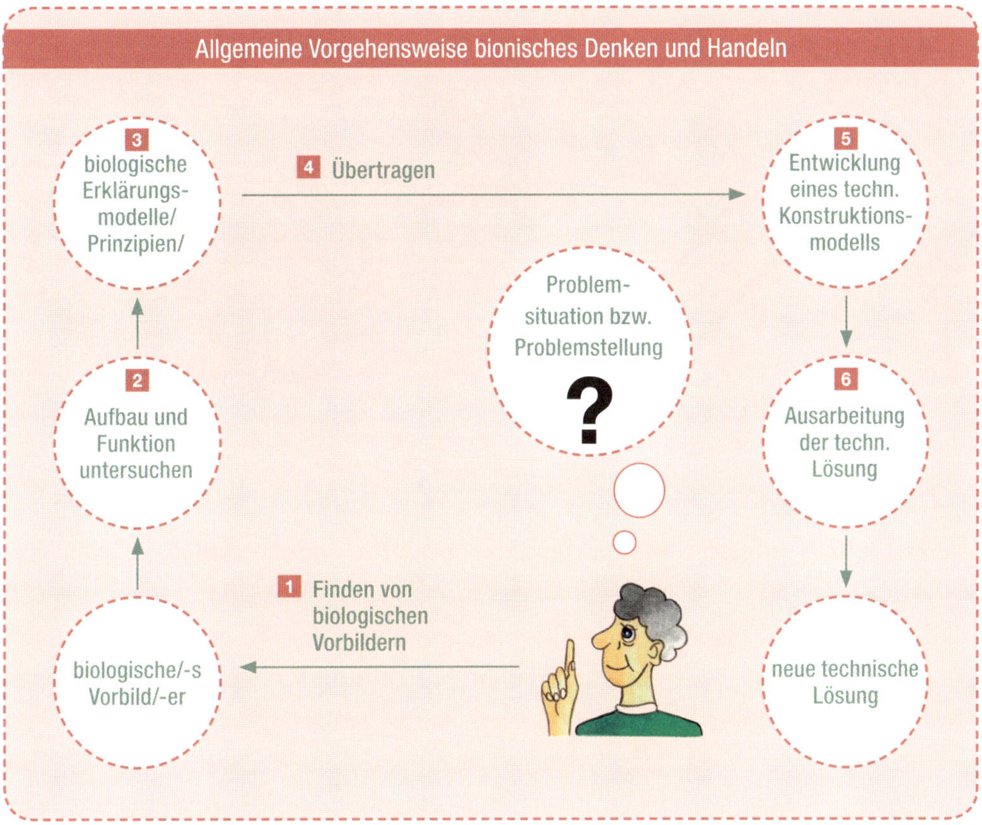

Zwei wichtige Bestandteile des Prozesses stellen die beiden Denkmodelle, das Erklärungs- und das Konstruktionsmodell, dar. Das Erklärungsmodell beinhaltet eine wichtige Erkenntnis in Form einer Prinzipdarstellung über Aufbau und Funktion des betreffenden Organs oder Elementes vom biologischen Vorbild (siehe auch die Abbildungen auf den Seiten 43, 82 und 88).

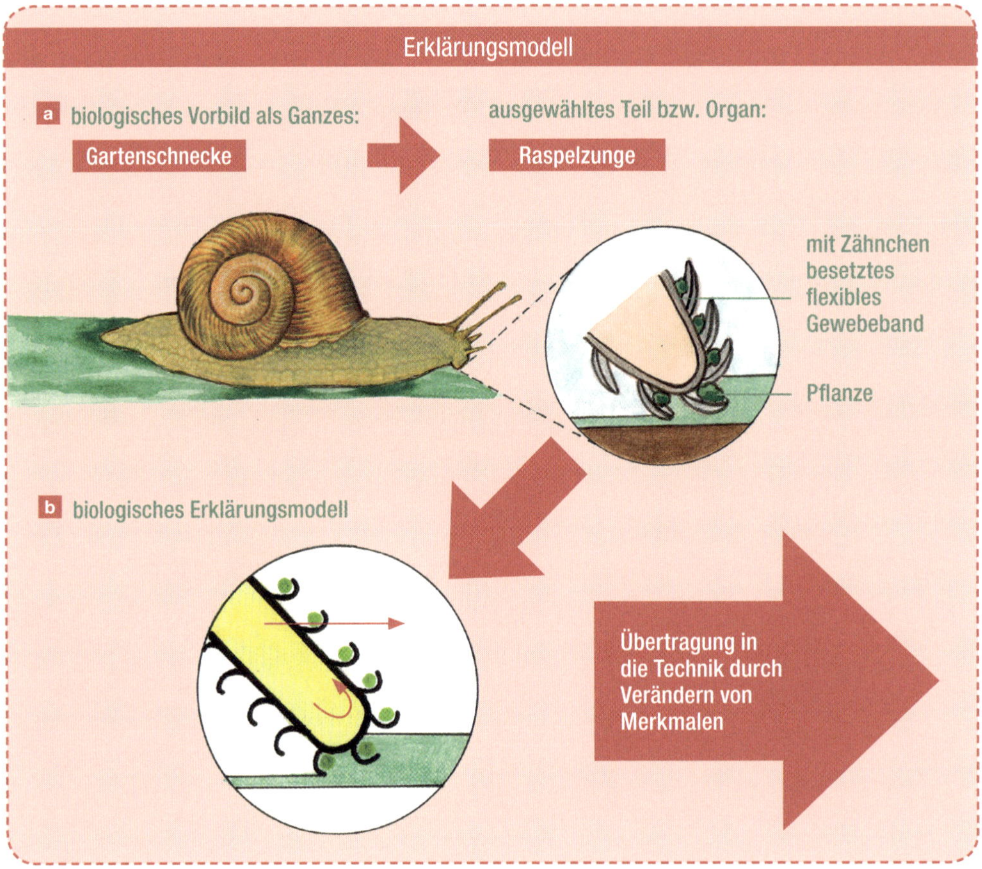

In der Technik spielen Konstruktionsmodelle eine bedeutende Rolle. Das Konstruktionsmodell wird aus dem Erklärungsmodell abgeleitet. Dabei werden die Merkmale des Aufbaus so verändert, dass daraus das Konstruktionsmodell entsteht. Es besitzt bereits in bildlicher Darstellung vereinfachte technische Bauteile. Dadurch wird die schrittweise Ausarbeitung der technischen Lösung beträchtlich erleichtert. Das Konstruktionsmodell bildet zudem die Grundlage für die Anfertigung der Konstruktionsunterlagen (z. B. die technische Zeichnung).

Mit einer allgemeinen Vorgehensweise und den richtigen Methoden ist technisches Problemlösen gar nicht mehr so schwierig. Ein weiteres Beispiel soll das verdeutlichen. In diesem Beispiel geht es um die Entwicklung eines Erdbebenanzeigers nach Vorbildern aus der lebenden Natur (vergleiche dazu Band 14 dieser Reihe »Wettrüsten der Sinne«). Die Problemstellung bildet den

Konstruktionsmodell

a technisches Konstruktionsmodell

b technische Lösung: **Schaufelradbagger**

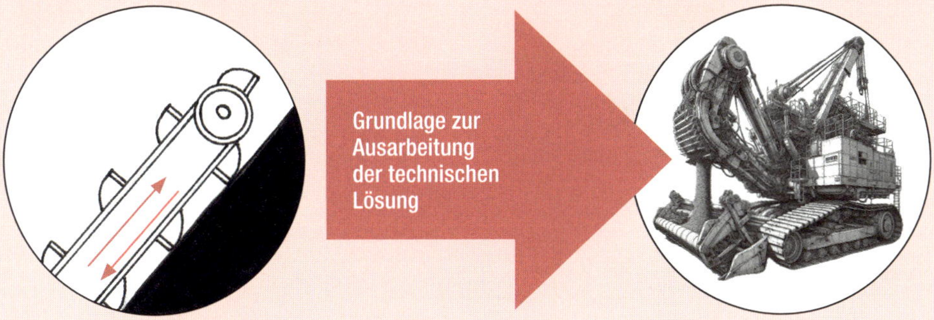

Ausgangspunkt. Dafür muss das Problem formuliert werden. Man sollte sich im Klaren sein, was überhaupt entwickelt bzw. erfunden werden soll. Es ist hilfreich, dafür die Funktion zu formulieren, die technisch umgesetzt werden soll. Aber zunächst wollen wir die Problemsituation beschreiben.

PROBLEMSITUATION UND PROBLEMSTELLUNG

Weltweit fordern Erdbeben durch Zerstörungen viele Menschenleben und verursachen große Schäden. Erdbeben kündigen sich durch für uns nicht spürbare feine Schwingungen des Bodens an, die auf der Ausbreitung von Wellen basieren. Erfasst man diese Schwingungen frühzeitig, könnten rechtzeitig Maßnahmen getroffen werden, um Menschen aus gefährdeten Gebieten zu evakuieren.

Viele Tiere verfügen über Sinnesorgane, mit denen sie diese feinen Bodenschwingungen als Reizsignale wahrnehmen können. Aus diesem Grund können sie Erdbeben schon lange Zeit vor Ausbruch spüren. Könnten also neue Konstruktionen gebaut werden, die nach tierischen Vorbildern Bodenschwingungen aufnehmen?

Durch Erdbeben zerstörte Gebäude, Straßen und Brücken

1. PROBLEMSTELLUNG

Entwickeln einer einfachen technischen Lösung zum Anzeigen von Bodenschwingungen

Hinweis: Zum Testen des Modells kann ein einfacher, selbstgebauter Erdbebensimulator verwendet werden. Ein solcher Simulator ist ein Gerät zur künstlichen Auslösung kleiner Modellbeben.

Einfaches Erdbeben – Simulationsmodell

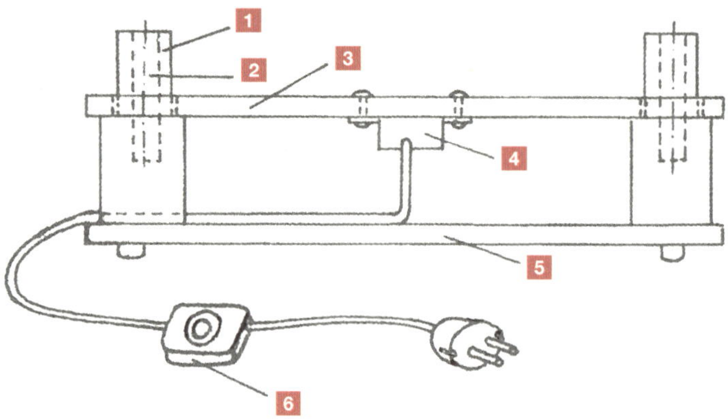

1 schaumisoliertes Rohr 2 Verbindungszapfen 3 obere bewegliche Platte
4 Vibrationsmotor 5 untere feste Platte 6 Stellschalter

Unter Erdbeben versteht man Erschütterungen der Erdkruste, die meist nur Sekunden dauern. Die gesuchte Lösung wird zunächst modellhaft als Black-Box dargestellt. Wir wissen ja noch nicht, wie das technische Gerät aussehen soll. Es muss von uns erst noch erfunden werden. Bekannt ist nur die Funktion, die es zu erfüllen hat, nämlich Bodenerschütterungen anzuzeigen.

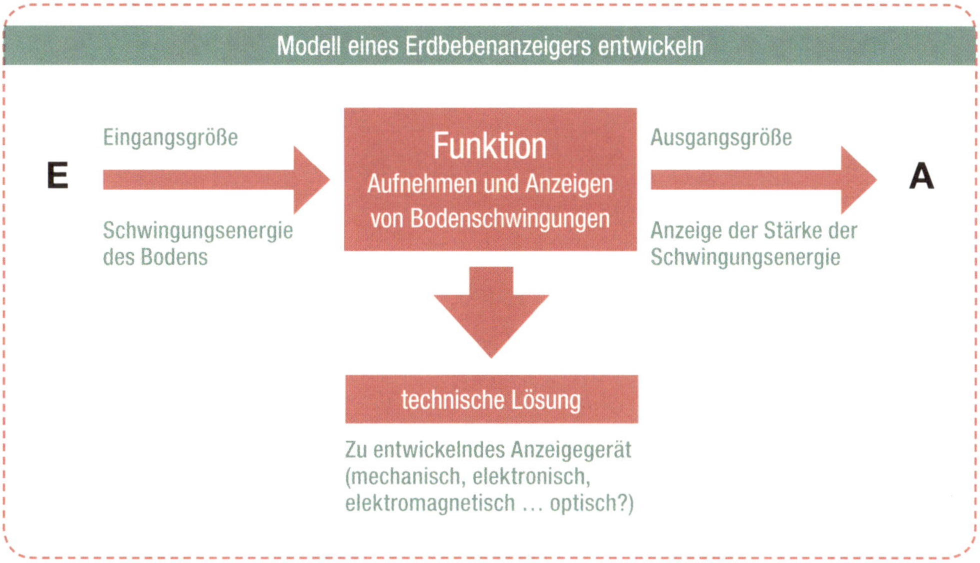

Anforderungen an die technische Lösung:

- ausreichende Messgenauigkeit
- Einfachheit im Aufbau
- geringer Materialaufwand
- hohe Zuverlässigkeit der Anzeige
- Originalität der Lösung

Um erste Ideen und Lösungsvorschläge zu erhalten, suchen wir in der lebenden Natur nach Lebewesen, die gleiche oder ähnliche Funktionen besitzen, und orientieren uns an ihrem Aufbau.

2. LÖSUNGSFINDUNG

2.1 Ermitteln von biologischen Vorbildern, die diese Funktion erfüllen: Sinnesorgane zur Wahrnehmung von Schwingungsenergie

Welche Lebewesen verfügen über einen Vibrationssinn?

Tasthaare und Spaltsinnesorgan beim Sandskorpion

Der Sandskorpion besitzt am Fuß hochempfindliche Sinnesorgane, die auf feine Bodenerschütterungen ansprechen. Seitlich der Füße ragen Tasthaare heraus, die auf und zwischen den Sandkörnern ruhen. Außerdem besitzt er in jedem Fuß ein Spaltsinnesorgan, das äußerlich an Hautfalten des Fußgelenkes zu erkennen ist. Ein solcher Spalt spricht besonders empfindlich auf Vibrationen an, die ihn rhythmisch zusammendrücken.

Tasthaare und Spaltsinnesorgan am Skorpionfuß

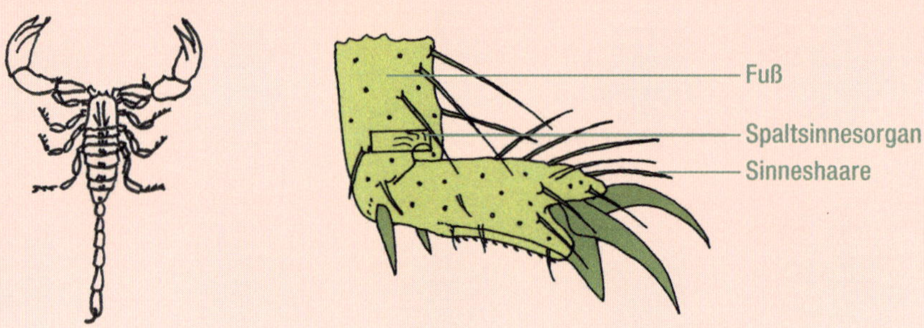

Ableitung einer ersten Lösungsidee:

Federschwinger mit Massestück an dem ein Schreibstift angebracht ist, der die Bodenschwingungen aufzeichnet

Johnston-Organ einer Mücke

Mit Hilfe des Johnston-Organs nehmen Mückenmännchen feinste Schwingungen wahr. Das Organ befindet sich am Ende der Fühlerwurzel. Darin wird der Fühlerstiel von den Fühlerfäden strahlenförmig umgeben. Wird der Fühler aus irgendeiner Richtung einem Druck ausgesetzt, löst sich das zwischen den Fühlerfäden bestehende Kräftegleichgewicht auf. Auf Grund der Signale kann das Insekt Richtung und Stärke der Einwirkung erkennen.

Johnston-Organ einer Mücke

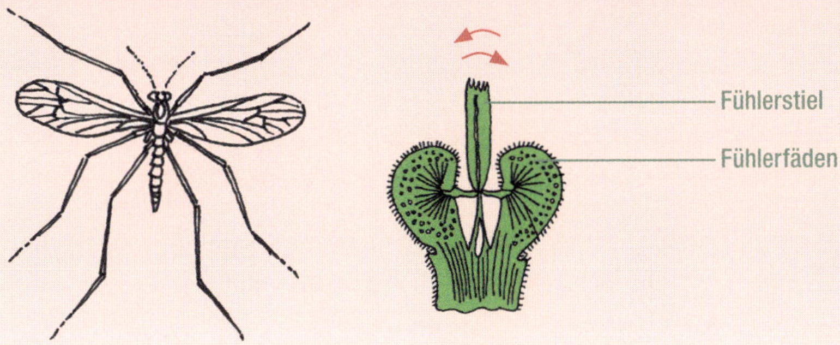

Ableitung einer ersten Lösungsidee:

Beim Auftreten von Bodenschwingungen vibriert ein Pendelarm mit einem daran befestigten Schreibstift, der Papier auf einer drehenden Walze beschriftet.

Becherhaare einer Spinne

Die Becherhaare reagieren nicht nur auf Erschütterungen, sondern bereits auf kleinste Luftströmungen. Die Haare befinden sich meist auf der Oberseite der Beine. Luftströmungen, die wir als Töne hören können, vermögen sie in Schwingung zu versetzen und dadurch die angeschlossenen Nervenenden zu reizen. Das ist möglich, weil die außerordentlich dünnen Haare in einer sehr feinen, nur 0,5 Mikrometer dicken Gelenkmembran eingehängt sind. Zum Schutz des empfindlichen Apparates ist dieser in das Außenskelett in Form eines Bechers eingesenkt. Mit Hilfe der Becherhaare ist es möglich, fliegende

Insekten aufgrund ihrer Flügelschläge schon aus größerer Entfernung wahrzunehmen und zu lokalisieren.

Becherhaare einer Spinne

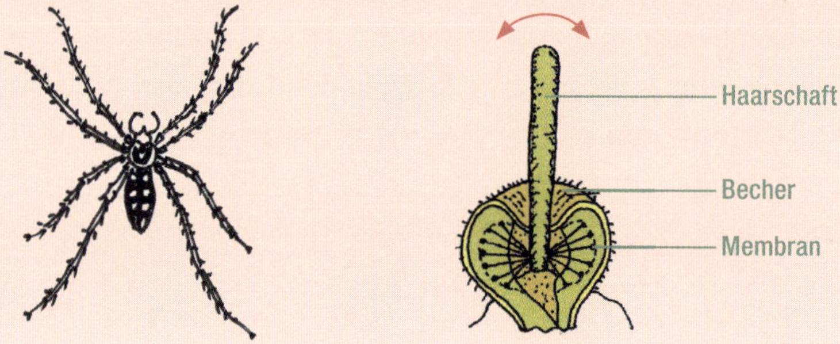

Ableitung einer ersten Lösungsidee:

Durch Bodenschwingungen erregter Metallstab kommt in Kontakt mit einer Drahtschlinge. Da sich beide in einem Stromkreis befinden, wird dieser geschlossen und ein Alarmmelder ausgelöst.

2.2 Anfertigen von Erklärungs- und Konstruktionsmodell

<table>
<tr><th>ausgewählte biologische Vorbilder</th><th>biologisches Erklärungsmodell</th><th>technisches Konstruktionsmodell</th></tr>
<tr><td>Fühler einer Mücke
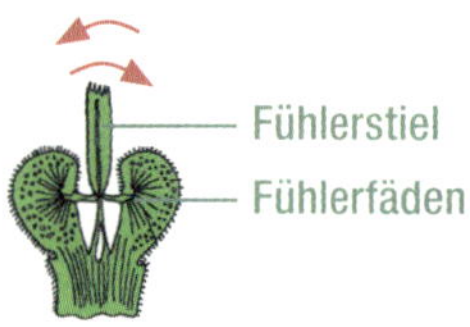
</td><td rowspan="2">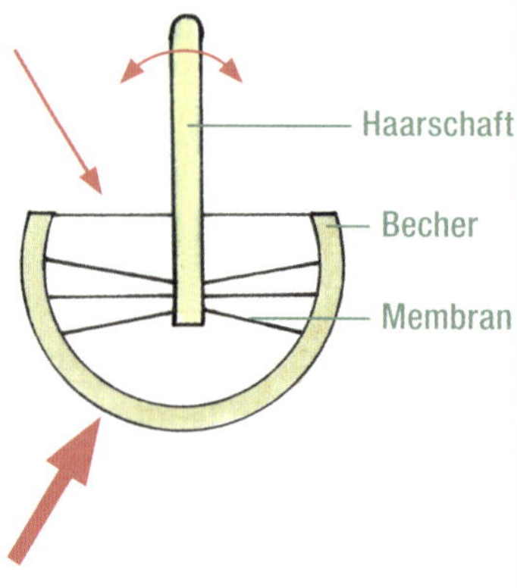
</td><td rowspan="2">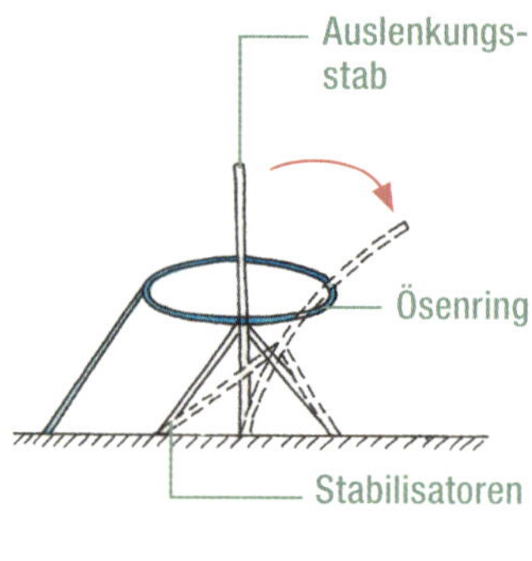

Prinzip eines Schalters</td></tr>
<tr><td>Becherhaar einer Spinne
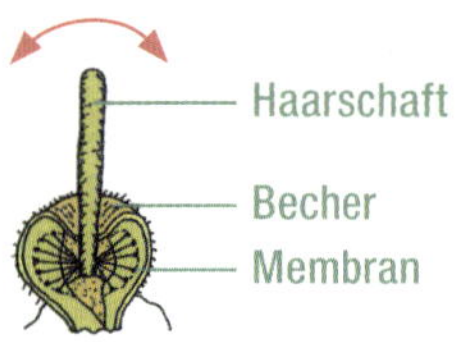
</td></tr>
</table>

2.3. Ableitung der technischen Lösung

Es wurde das Prinzip des elektromechanischen Erdbebenanzeigers nach dem Vorbild der Becherhaare von Spinnen ausgewählt, weil es am geeignetsten erscheint.

2.4 Herstellung des Erdbeben-Anzeigermodells mit Sicht- und Hörmelder

Die Auslenkung des Drahtstabes durch Erschütterungen führt im Kontakt mit der Öse zum Schließen des Stromkreises und damit zum Aufleuchten der Warnlampe und Ertönen der Hupe. Durch Veränderung des Ösendurchmessers kann die Anzeigeempfindlichkeit erhöht werden.

Elektromechanischer Erdbebenanzeiger

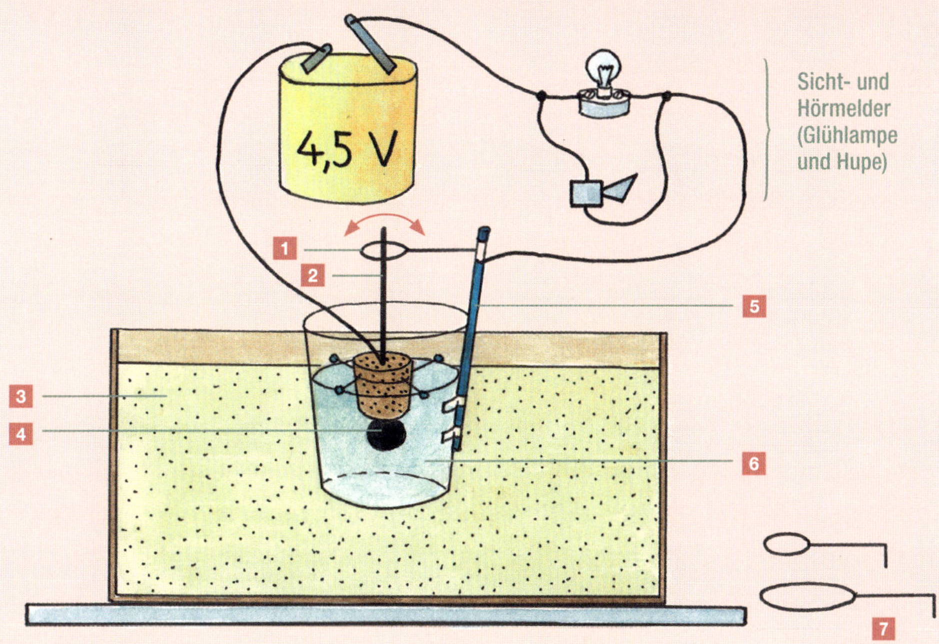

1 Öse 2 Drahtstab 3 Karton mit Sandfüllung 4 Korken mit Massestück
5 Trinkröhrchen mit Klebeband befestigt 6 Becher 7 Ösen mit kleinem und großem Durchmesser

Experiment: Herstellung eines Erdbeben-Anzeigermodells

Benötigte Materialien, Werkzeuge und Hilfsmittel:

- 1 Schuhkarton mit Sandfüllung
- 1 Glas- oder Plastikbecher
- dünner Draht
- 1 Trinkröhrchen
- 1 Flaschenkorken
- 4 Stecknadeln
- 2 Meter Klingeldraht
- 1 Flachbatterie 4,5 V
- 1 Glühlampe von einer Taschenlampe und 1 Hupe
- Klebeband
- Kieselstein als Massestück
- Schere, Kombizange und Rundzange zum Biegen einer Drahtöse

Hinweise zur Herstellung:

1. Fülle den Schuhkarton über die Hälfte mit trockenem Sand!
2. Baue das Modell der Abbildung nach!
3. Beachte, dass die elektrischen Leitungen für den Stromkreis die entsprechenden Längen aufweisen!

2.5 Testen des Modells mit dem Erdbebensimulator-Modell

Der Test kann mit dem selbstangefertigten Erdbebensimulator durchgeführt werden. Der Einfachheit halber kann das Erdbeben-Anzeigemodell bei der Funktionsprobe auch mit einer Pappunterlage von Hand hin und her bewegt werden, um die Bodenerschütterungen zu simulieren. Die Auslenkung des Drahtstabes durch Bodenerschütterungen führt im Kontakt mit der Öse zum Schließen des Stromkreises und damit zum Aufleuchten der Signallampe und Ertönen der Hupe. Durch Veränderung des Ösendurchmessers kann die Anzeigeempfindlichkeit erhöht oder verringert werden. Probiere die beiden Möglichkeiten aus!

Fülle den nachfolgenden Lückentext aus!
Durch .... des Ösendurchmessers wird die Empfindlichkeit der Anzeige erhöht. Durch .... des Ösendurchmessers wird die Empfindlichkeit der Anzeige erniedrigt.

Einzusetzende Begriffe: **Vergrößern, Verkleinern**

Lernende einer Jahrgangsstufe 6 fertigten verschiedene, relativ einfache Modelle von Erdbebenanzeigern an. Die nachfolgende Übersicht zeigt davon eine Auswahl.

Weitere Modelle von Erdbebenanzeigern der Lernenden

Schwingender Nagel auf Sandfläche (Sichtmelder)

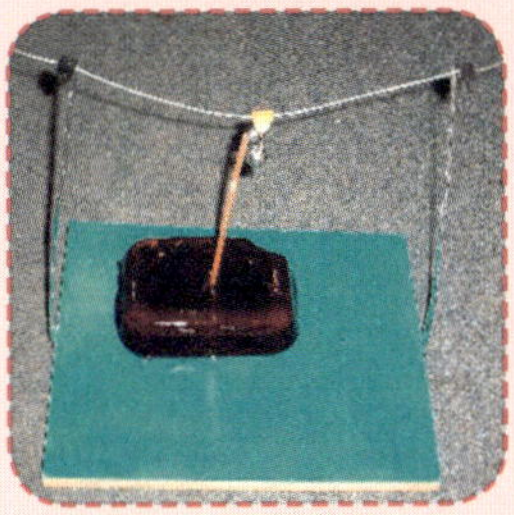

Wackelpudding mit Glöckchen (Hörmelder)

Schwingender Trichter mit herausfallenden Kugeln

Schwingturm mit Kugelbahn (Sicht- und Hörmelder)

Kupferstab Spiralfeder mit Lampe (Sichtmelder)

Federgelagerte Platte mit Lampe und Hupe (Sicht- und Hörmelder)

6 PRINZIPIEN NATURORIENTIERTEN ERFINDENS

Von Erfindern lernen

»Wer die Prinzipien kennt,
wird sie in jeder Erscheinung wiederfinden!«
Raoul Heinrich Francé (1874–1943)
Österreich-ungarischer Botaniker, Mikrobiologe
sowie Natur- und Kulturphilosoph

Die im Zitat erwähnten Prinzipien bedeuten an dieser Stelle: verallgemeinerte Erkenntnisse des naturorientierten Erfindens. Sie dienen nicht nur dem Verständnis, sondern geben auch Hinweise darauf, was beim Erfinden zu beachten ist. Prinzipien wurden von Erfindern abgeleitet und beruhen sowohl auf deren Denk- und Handlungsweisen als auch auf ihren Persönlichkeitseigenschaften. Wer hat nicht schon einmal davon geträumt, Großes zu vollbringen, wie z. B. der Erfinder des Flugzeuges Otto Lilienthal (1848–1896) oder der Erfinder des Klettverschlusses George de Mestral (1907–1990). Sie geben uns wertvolle Impulse und Anregungen für unsere eigene Tätigkeit.

Erfinder als Vorbilder – ob aus Vergangenheit oder Gegenwart – waren von jeher gute Lehrmeister. Das kann anregen und Mut machen. So ist wohl auch die Aufforderung von Manfred von Ardenne zu verstehen: »Sucht euch große

Vorbilder, studiert ihr Leben und Werk und versucht, ihnen nachzueifern!« Aber was macht einen Erfinder aus? Erstens: die Fähigkeit, ein technisches Problem zu erkennen, zu formulieren und schließlich zu lösen. Zweitens: Vorhandenes in Frage zu stellen, sich mit dem Erreichten nicht zufrieden zu geben, sondern nach neuen technischen Lösungsmöglichkeiten zu suchen. Möglich, dass Manfred von Ardenne sich damals über die mangelhafte Bildqualität beim ersten Fernsehempfänger von François-Auguste Biard (1799–1882) mit der Nipkowscheibe geärgert hat.

Nipkowscheibe

Der deutsche Erfinder Paul Nipkow (1860–1940) war ein Pionier der Fernsehtechnik. Er fand heraus, wie man Bilder über große Entfernungen übertragen kann. Nipkow überlegte lange hin und her. Als er dabei eine Kerze im Lichtschein betrachtete, kam ihm der ersehnte Lichtblick. Ab und zu kniff er beim Betrachten des Lichtscheines die Augen zusammen. Durch das verkleinerte Sichtbild blieben von der Kerzenflamme nur noch einzelne Lichtstrahlen übrig. Aus dieser Erscheinung entwickelte er eine geniale Idee: Die Zerlegung des Bildes in viele einzelne Punkte. Diese ließen sich dann durch einen elektronischen Mechanismus weiterleiten und am anderen Ende, also beim Empfänger, wieder zu einem vollständigen Bild zusammensetzen. Zu diesem Zweck fertigte Nipkow eine Scheibe mit Löchern an, die in Drehbewegung versetzt wurde – die nach ihm benannte Nipkowscheibe.

Vereinfachte Darstellung: Bildübertragung mit der Nipkow-Scheibe

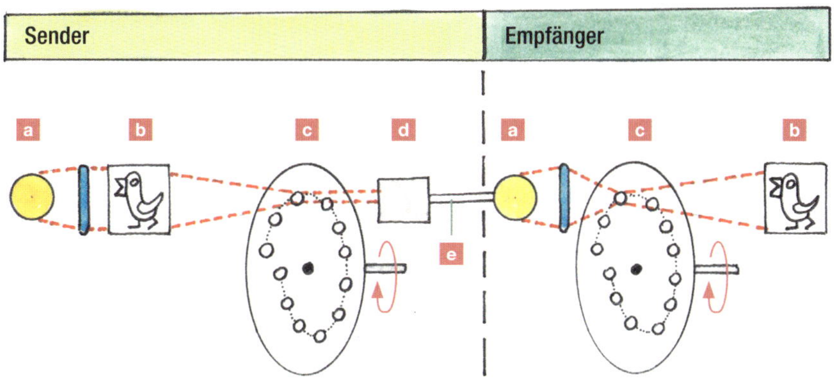

a Lichtquelle b Bild c Nipkow-Scheibe d Fotozelle e Übertragung und Verstärkung der Bildsignale

Das war vielleicht der Anstoß, tiefer darüber nachzudenken, zu experimentieren, bis schließlich im Ergebnis das elektronische Fernsehen entstand. Manfred von Ardenne war damals gerade 23 Jahre alt.

Fragen ist der Anfang jeder Erfindung. Fragen ist natürlich auch der Anfang jeder Verbesserung eines Gerätes oder einer Maschine. Zunächst müssen wir uns im Klaren sein, was an einem Gerät oder an einer Maschine nicht in Ordnung ist. Erfinder bezeichnen das als das Aufdecken technischer Mängel oder Defekte. Dieses Vorgehen haben wir bei Biró, de Mestral und anderen Erfindern erlebt. Technische Mängel und Defekte treten zu Tage, wenn wir nach dem Warum fragen.

PRINZIP DER NATURORIENTIERUNG

Das Lernen von und das Orientieren an den Lösungen der Natur ist eine Wesensart des Menschen und ist, wie wir bereits erfuhren, so alt wie die Menschheit selbst. In der Natur gibt es Vieles zu entdecken und in die Welt der Technik zu übertragen. Öffnen wir diese »Schatzkiste des Lebendigen«! Wir werden einen phantastischen Reichtum an wirkungsvollen Mechanismen, effizienten Abläufen und staunenswerten Lösungen finden. Es muss uns darum gehen, diese Vielfalt der Natur als Anregung zu nutzen, um Technik wirksamer, menschengerechter und umweltfreundlicher zu gestalten.

Viele Jahrhunderte lang galt die Meinung, dass beim Fortbewegen ein Schiff mit einem spitzen Bug das Wasser zerschneiden müsse. Daher wurden Schiffe mit messerförmigem Bug gebaut. Während der Fahrt traten aber Wirbel auf, die die Fortbewegung bremsten. Dem US-Amerikaner David Watson Taylor (1864–1940) fiel auf, dass einer der besten Schwimmer, nämlich der Delfin, mit seiner ziemlich plumpen, nicht messerförmigen Schnauze eigentlich Nachteile haben müsste.

Aber die größte Erfinderin Natur hat ihn doch anders gestaltet. Taylor erfand daraufhin nach dem Vorbild der Delfinschnauze den Wulstbug. Durch Experimente mit Schiffsmodellen fand er heraus, dass sich durch den Wulstbug eine Unterwasserwelle bildet, die die am Bug entstehende Oberflächenwelle weitgehend vermindert. Der Strömungswiderstand konnte dadurch verringert

Die Erfindung des Wulstbuges

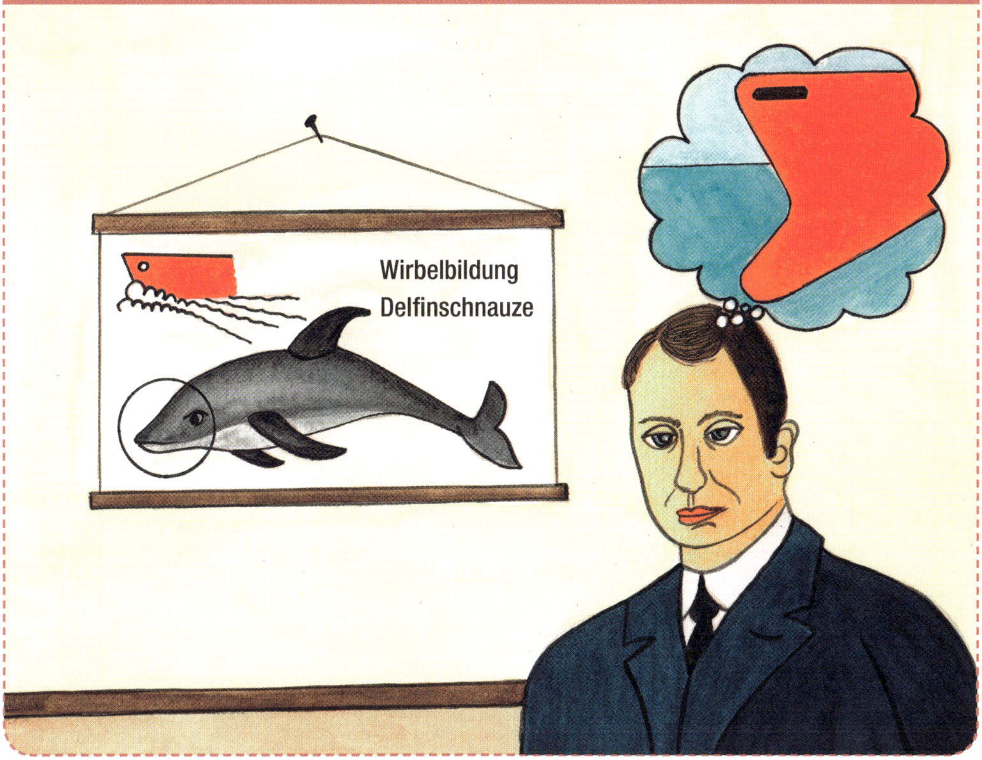

werden. Frachtschiffe mit dem neuen Bug sind dadurch schneller und brauchen außerdem auch noch weniger Kraftstoff (Schiffsdiesel oder Schweröl). Für eine Fahrt über 7000 Kilometer, etwa von Hamburg bis zum Panamakanal in Mittelamerika, brauchte ein herkömmliches Frachtschiff 1000 Tonnen Kraftstoff und war 16 Tage unterwegs. Heute schafft ein Schiff mit Wulstbug diese Entfernung in sieben Tagen und mit ca. 700 Tonnen Kraftstoff. Die Einsparung entspricht der beträchtlichen Kraftstoffmenge von 10 gefüllten Tanklastwagen.

PRINZIP DES SYSTEMATISCHEN VORGEHENS

Erfinden kann man lernen. Denn es heißt nichts anderes, als systematisch und planmäßig beim Erkennen und Lösen technischer Probleme vorzugehen. Dabei helfen Methoden des Erfindens bzw. technischen Problemlösens. Als es Otto

Lilienthal (1848–1896) im Jahre 1891 gelang, sich mit seinem selbst gebauten Gleitflugapparat in die Lüfte zu erheben, ist ein Traum des Menschen verwirklicht worden: das Fliegen.

Zu diesem Zeitpunkt lagen Jahre anstrengender Arbeit hinter ihm. Er ging dabei in ganz bestimmten Schritten vor und nutzte Methoden, die ihn zur Lösung des Flugproblems führten. So legte er zunächst die Funktion fest, die die Lösung erfüllen sollte – das Gleitfliegen mit einem Gerät. In einem weiteren Schritt suchte er mit der Analogiemethode nach Vorbildern in der Natur. Er stieß auf den Storchenflügel und studierte seinen Aufbau. Indem Lilienthal Unwesentliches wegließ und Wesentliches hervorhob, drang er zum Flugprinzip vor. Dieses Prinzip ist dadurch gekennzeichnet, dass infolge der Luftströmung am gewölbten Flügel eine Auftriebskraft erzeugt wird, die der Gewichtskraft des Vogels entgegengerichtet ist. Lilienthal erkannte als erster den Vorteil des gewölbten Flügels. Er setzte dieses Prinzip im nächsten Schritt um, indem er verschiedene Modelle baute und im Experiment erprobte. Dabei kam er

Analogiemethode

Die Analogiemethode ist eine Methode zur Gewinnung und Übertragung von Erkenntnissen über den Aufbau und die Funktion bzw. das Verhalten von Pflanzen und Tieren auf technische Sachverhalte.

Vom Palmenblatt zum Faltprofil und vom Storch zum Gleitflieger

nicht sofort auf die günstigste Lösung. Bei Schwierigkeiten wurden Teile des Modells verworfen, neu konstruiert und angefertigt. Im letzten Schritt setzte er die gewonnenen Erkenntnisse schließlich etappenweise in eine technische Lösung um - er baute den Gleitflugapparat (vergleiche dazu Band 1 dieser Reihe »Die Natur als Ideenschmiede«).

PRINZIP DER LÖSUNGSVIELFALT

Für die meisten technischen Probleme gibt es mehr als nur eine Lösungsmöglichkeit. Niemand sollte sich mit der erstbesten Lösung zufriedengeben, denn sie ist ziemlich selten die beste. Erfinder überlegen sich deshalb für eine technisch zu verwirklichende Funktion gleich mehrere Lösungsvorschläge. Wird nämlich eine größere Anzahl von Lösungsvorschlägen entwickelt, erhöht das die Chance, dass sich unter ihnen auch originelle Lösungen befinden, die außerdem noch kostengünstig sind und sich besser verwirklichen lassen als andere. Das Prinzip Lösungsvielfalt existiert sowohl in der Technik als auch in der lebenden Natur. In der lebenden Natur findet sich eine große Anzahl unterschiedlicher Organe von Pflanzen und Tieren, die alle dieselbe Lebensfunktion erfüllen. Ein Beispiel hierfür sind Flugfrüchte.

Flugfrüchte als Beispiel für passives Fliegen

Funktion: passives Sinkfliegen

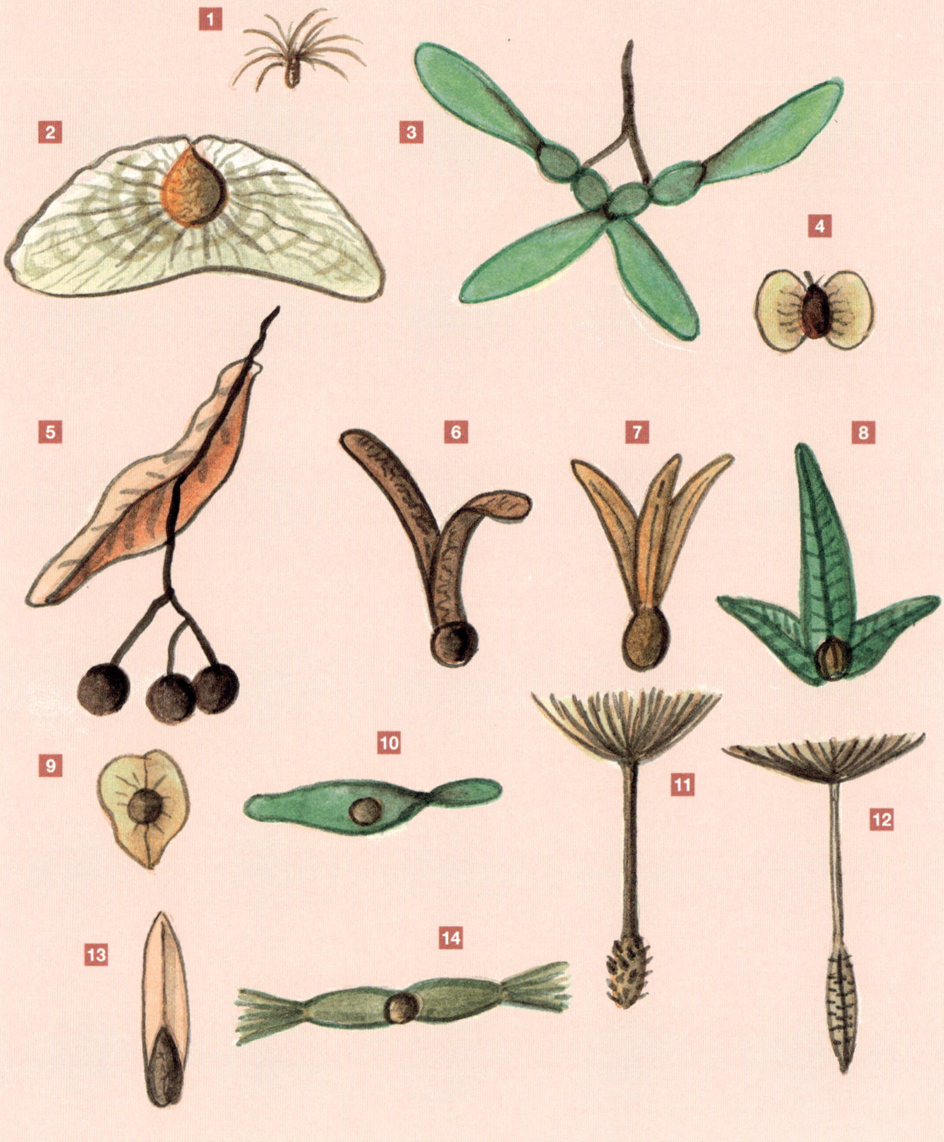

1 Weidenröschen 2 Zanoniasamen 3 Ahornfrüchte 4 Birkensamen 5 Lindenbaumsamen
6 Zweiflügelfruchtbaum 7 Dreiflügelfruchtbaum 8 Hainbuche 9 Ulme 10 Götterbaum
11 Wiesenbocksbart 12 Löwenzahn 13 Esche 14 Trompetenbaum

Noch ein weiteres Beispiel betrifft das Speichern. Das finden wir bei Kakteen, die Wasser speichern, beim Korb der Sonnenblume, die darin ihre Samenkörner speichert, bei Muskeln als Energiespeicher und bei der Taucherglocke der Wasserspinne, die als Luftspeicher für das Leben unter Wasser dient.

PRINZIP DER MODELLBILDUNG

Erfinder bauen zuerst Modelle, probieren sie aus, verbessern sie schrittweise und wenn sie dann zufriedenstellend funktionieren, geht es an die Verwirklichung im Großen. Bevor beispielsweise die Brüder Joseph (1740–1810) und Jacques (1745–1799) Montgolfier ihren Heißluftballon bauten, experimentierten sie mit Miniballons aus Papier.

Die ersten Zeppelin-Luftschiffe waren als Modell nicht viel größer als eine Zigarre und bevor Andrej Tupolews (1888–1972) Düsenflugzeuge Passagiere beförderten, erprobte er sie durch kleinere Modelle. Bis heute gehört es zur Arbeitsweise eines jeden Erfinders und Konstrukteurs, für jedes Erzeugnis, bevor es in die Produktion geht, ein Funktionsmodell anzufertigen und zu erproben. Schließlich sind Verbesserungen am kleinen Modell viel billiger als am großen Original.

Experimentieren mit Ballonmodellen

PRINZIP DER VORAUSSCHAU

Der Zeit weit voraus sein und sich technische Lösungen einfallen lassen, die ein großes Stück über den Stand der Technik hinausgehen, ist ein weiteres Arbeitsprinzip erfolgreicher Erfinder. Das Universalgenie der Renaissance, Leonardo da Vinci, entwarf beispielsweise Fallschirme, Hubschrauber und andere Flugapparate, obwohl es zum damaligen Zeitpunkt noch keine Möglichkeiten zur Umsetzung gab.

Auch der bekannte Schriftsteller Jules Verne war seiner Zeit weit voraus. Es war seine phantastische Vorstellungskraft, die ihn befähigte, wissenschaftliche Entdeckungen und technische Neuerungen bereits zu einem Zeitpunkt zu beschreiben, als sie überhaupt noch nicht erfunden waren. Durch seinen unermüdlichen Fleiß und die ständige Wissbegier, war Jules Verne außerordentlich gut über wissenschaftlich-technische Erkenntnisse seiner Zeit informiert. Fast 90 % der Erfindungen, die Verne voraussagte, sind heute längst verwirklicht. Durch Phantasie und Kenntnis der Naturgesetze hat er sie vom damaligen Stand der Technik abgeleitet. Ein weiteres Beispiel für Vorausschau ist Konstantin E. Ziolkowski (1857–1935). Schon um 1900 schuf er neben Hermann Obert (1894–1989) die theoretischen Grundlagen für die Raumfahrt und entwickelte u. a. die Idee der Weltraumrakete und der Raumstationen.

Erfinder sind oft der Zeit voraus

Konstantin Eduardowitsch Ziolkowski: Weltraumrakete

Hermann Obert: Kegeldüse

Lebenslanges Lernen

Seine Erkenntnisse wurden erst mit dem Start von Sputnik 1 verwirklicht. Übrigens hatte sich Ziolkowski auch gegen die Meinung von Fachleuten durchzusetzen, die behaupteten, dass Raketen niemals fliegen können. Sie vertraten den Standpunkt, dass es im kosmischen Raum keine Atmosphäre gäbe, von der sich das Flugobjekt abstoßen könnte. Aber sie wurden eines Besseren belehrt. Sie hatten damals nicht berücksichtigt, dass die von der Rakete hinten ausgestoßenen Gase der Vorwärtsbewegung entgegengerichtet sind. Auch dieses Beispiel lässt sich auf die lebende Natur beziehen: Das der Rakete zugrundeliegende »Rückstoßprinzip« ist auch bei der Fortbewegung von Quallen und Tintenfischen zu finden (vergleiche dazu Band 8 dieser Reihe »Schwimmen und Tauchen«).

PRINZIP DER WISSBEGIER

Um technische Probleme zu erkennen und zu lösen, sollte man über anwendbare Kenntnisse verfügen. Je mehr, umso besser. Und am besten, wenn ständig neues Wissen dazu kommt. Erfolgreiche Erfinder zeichnen sich durch einen lebenslangen Drang nach neuestem Wissen aus.

Manchmal kramen sie auch im Archiv des Patentamtes. Denn manche Idee ließ sich zur Zeit der Patentanmeldung technisch nicht verwirklichen, weil es beispielsweise noch keine geeigneten Materialien gab. Aber vielleicht ist ihre Zeit jetzt gekommen?

PRINZIP DER GEGENSEITIGEN ANREGUNG

Eigentlich ist die Zeit der großen Erfindungen vorbei. Durch die rasche Zunahme und den hohen Stand der wissenschaftlichen Erkenntnisse sowie durch die Vielfalt und Kompliziertheit der zu lösenden Probleme sind Erfindungen meist nur noch im Team machbar. Dreiviertel aller Erfindungen sind in Teams von mehreren Personen entstanden. Diese Teams arbeiten »interdisziplinär«, was bedeutet, dass Fachleute verschiedener Fachrichtungen gemeinsam tätig sind, wie beispielsweise Maschinenbauer, Elektroniker, Chemiker, Ökologen und Mediziner. Es hat sich nämlich gezeigt, dass gerade an den Nahtstellen zwischen den einzelnen Fachgebieten bedeutende Erfindungen entstehen können.

Ein Beispiel für interdisziplinär entstandene Erfindungen sind sechsbeinige Laufroboter. Computertomografen sind ebenfalls interdisziplinär entwickelt worden. Das sind leistungsfähige Röntgengeräte, die Informationen über beliebige Körperquerschnitte erfassen, speichern und sichtbar machen. Auch der Einzelerfinder berät sich mit Fachleuten, denn der Austausch von Informationen und Standpunkten ist anregend.

PRINZIP DER DURCHSETZUNG VON IDEEN UND LÖSUNGEN

Erfinder haben es manchmal schwer, ihre Erfindungen in der Gesellschaft zu verbreiten. Deshalb müssen sie ihr Ziel beharrlich verfolgen, bis es als Erfindung in der Praxis angewendet wird. Der Erfinder der Dampflokomotive, George Stephenson (1781–1848), hatte sich seinerzeit gegen Vorurteile von Fachleuten durchzusetzen, die behaupteten: »Es gibt nichts Lächerliches und Dümmeres als das Versprechen, eine Dampflokomotive zu bauen, die sich doppelt so schnell bewegt wie eine Postkutsche!« Kurze Zeit später zog

Stephensons Dampflokomotive einen Personenzug mit einer Geschwindigkeit von 35 km/h über die Schienen.

Auch heute begegnen Erfindern oft noch Vorurteile. Aussagen wie »geht nicht« und »unmöglich« sollte man mit Durchsetzungsvermögen und Aktivität entgegentreten. Würde man resignieren, wäre kein technischer Fortschritt möglich. Denn »das Unmögliche ist oft das, was noch niemand versucht hat« – so formulierte es schon der Dichter und Naturforscher Johann Wolfgang von Goethe (1749–1832).

PRINZIP DER VIELSEITIGKEIT

Das Erfinder leistungsfähige Menschen sind, zeigt sich daran, dass nach einer Erfindung schon bald eine zweite, dritte usw. folgt. Oft geschieht es auch, dass bei einer Problemlösung gleich mehrere Erfindungen, auch auf anderen

Gebieten, entstehen. Als Otto Lilienthal seine Patente für Flugapparate erteilt bekam, meldete er u. a. ein Patent für eine Schraubensicherung an. Die Vielseitigkeit des Flugpioniers drückt sich auch in solchen Erfindungen wie dem Hochdruckkessel, der Schrämmaschine für den Straßenbau, der Kleindampfmaschine und dem Dampfstrahlrad aus. Oder denken wir an Thomas Alva Edison, der nicht nur durch die Erfindung der Glühlampe oder des Grammophons bekannt wurde, sondern auch durch die Schmelzsicherung, die Batterie und den Buchstabentelegrafen. Leonardo da Vinci entwickelte neben den schon oben genannten Erfindungen die Kamera, Tauchboote und Taucheranzüge, Hammer- und Walzwerk, Getriebe, Pumpen, Kräne und die verschiedensten Kriegsmaschinen.

Erfindungen von Leonardo da Vinci

1 Kugellager 2 Unterseeboot 3 Flugapparat 4 Atemgerät für Taucher
5 Mörser für Steilfeuergeschütz 6 Drehbank mit Pedalbetrieb 7 Fahrrad

Manfred von Ardenne war ebenfalls auf vielen Gebieten erfolgreich. Davon zeugen die bedeutsamen Erfindungen und Arbeiten auf dem Gebiet der Rundfunk- und Fernsehtechnik, der Elektronenmikroskopie, der Metallurgie und des Gesundheitswesens. Typisch für die Vielseitigkeit ist auch, dass viele Erfinder aus anderen, fachfremden Gebieten kamen. Der Juwelier Robert Fulton (1765–1815) erfand das Dampfschiff, der Naturforscher Alexander von Humboldt (1769–1859) die Grubenlampe, der Barbier Richard Arkwrigth (1732–1792) die Spinnmaschine und der Künstler Samuel Morse (1791–1882) den elektromagnetischen Telegrafen. Solche Beispiele lassen sich weiter fortführen. Eines wird dabei deutlich: Für einen Erfinder ist es von Nutzen, auch auf anderen Gebieten Kenntnisse zu besitzen.

PRINZIP DES VERANTWORTUNGSBEWUSSTEN DENKENS UND HANDELNS

Eine wichtige Bedingung für jede nutzbare Erfindung ist, dass durch sie der wissenschaftlich-technische Fortschritt vorangetrieben wird. Es gibt aber auch solche Erfinder, die ihre Erfindung zum Verderben der Menschheit missbrauchen. Der Erfinder der Wasserstoffbombe und Laserwaffen, der Atomphysiker Edward Teller (1908–2003), galt in den USA als Befürworter der SDI (engl.: Strategic Defense Initiative). Die SDI ist ein Forschungsprojekt mit dem Ziel, einen satellitengestützten Waffengürtel auf der Erde zu errichten. Dieser sollte der Verteidigung gegen atomare Erstschläge während des Kalten Krieges dienen. Hier begreift jeder, welche Verantwortung jeder Wissenschaftler, jeder Erfinder für die Ergebnisse seiner Forschung hat.

Verantwortungsbewusstes Denken und Handeln kommt auch gegenüber unserer Umwelt zum Ausdruck. Bei vielen Erfindungen wurden die Folgen nicht bedacht, wie beispielsweise bei Plastik. Erfindungen wie diese führen zu einer ganzen Reihe von Belastungen und Schäden in unserer Umwelt. Auswirkungen vorauszusehen ist eine wichtige Forderung, die an Erfinder gestellt wird.

PRINZIP DES PERSÖNLICHEN EINSATZES

Erfinder sind wagemutig und kühn. Ein Paradebeispiel dafür ist wieder Otto Lilienthal. Mit großer Kühnheit und Wagemut war er bereit, Gesundheit und Leben zu opfern, wie er beim Selbsttesten seiner Flugapparate zeigte. Hauptsächlich aus Holz und Leinwand fertigte Lilienthal mit viel Geschick und mühevoller Kleinarbeit seine Apparate. Körperliche Gewandtheit war nötig, um diese noch mangelhaften Flugapparate auszuprobieren. Im Laufe von mehreren Jahren riskierte er mehr als 200 Flüge. Stürze, die beim Fliegen vorkamen, waren glimpflich abgelaufen, bis er am 9. August 1896 bei einem Flugversuch tödlich verunglückte.

Unnachgiebig war auch der Erfinder des Tauchbootes Wilhelm Bauer (1822–1875), der selbst einmal beim Probetauchen im Kieler Hafenbecken in 15 Metern Tiefe festsaß, weil die Einrichtung zur Ballastentfernung nicht gleich funktionierte. Nun wird heutzutage der Selbstversuch zwar nicht bis zum Lebensrisiko getrieben, aber ohne persönlichen Einsatz sind Erfindungen nicht durchzusetzen.

PRINZIP DES ÜBERWINDENS VON DENKBARRIEREN

Erfinden erfordert Denkbeweglichkeit, also die Flexibilität und den freien Fluss des Denkens. Durch Training, also Denksport, lässt sich Denkbeweglichkeit verbessern. Möglichkeiten dazu gibt es viele. Sie reichen von der Lösung von Kreuzworträtseln bis hin zu Knobelaufgaben und Ratespielen, die in Hülle und Fülle angeboten werden. Die Kreativitätstrainings in diesem Buch sind ebenfalls darauf ausgerichtet, die Denkbeweglichkeit zu fördern.

Lösungswort finden

Die Anfangsbuchstaben der abgebildeten Tiere ergeben ein Lösungswort, das in die Kästchenzeile einzutragen ist.

Kasuar, Ohrwurm, Iltis, Ibis, Nashorn, Biene

1	2	3	4	5	6

Denken zu trainieren entspricht ganz dem Sinn des alten Sprichwortes »Wer rastet, der rostet«. Denkbeweglichkeit, Phantasie und Ideenreichtum können ein Leben lang wachsen. In Verbindung mit verschiedenen Methoden des naturorientierten Erfindens kann die eigene Kreativität ausgeprägt und gesteigert werden.

PRINZIP DER KOMBINATION BIOLOGISCHER KONSTRUKTIONSMERKMALE

Bioniker kombinieren oft interessante Merkmale unterschiedlicher biologischer Vorbilder miteinander. Dadurch nähern sich Natur und Technik immer weiter an. Dieses Kombinieren finden wir schon beim zusammenlegbaren Flugapparat, den Otto Lilienthal entwickelte. Die Flügel des Flugapparates waren eine Kombination aus zwei biologischen Vorbildern: dem gewölbten Vogelflügel und dem zusammenlegbaren Fledermausflügel. Über diesen Flugapparat berichtet Lilienthal:

»Als besondere Neuerung an meinen Apparaten führte ich in diesem Jahr die Zusammenlegbarkeit derselben ein. Die Flügel sind aus strahlenförmig gestalteten Rippen gebildet und können ähnlich wie ein Fledermausflügel zusammengelegt werden. Ich erzielte hierdurch eine bessere Transportfähigkeit und die Möglichkeit der Aufbewahrung in jedem beliebigen Raume.«

Ein weiteres Beispiel für das Kombinationsprinzip ist die Konzeption eines Niedrigenergiehauses. Dieses Haus ist eine Kombination aus transparenter Wärmedämmung (TWD) nach dem Vorbild des Eisbären und passiver Porenlüftung nach dem Vorbild der luftdurchlässigen Termitenbauten. Dadurch wird sowohl Wärmeerzeugung als auch Frischluftzufuhr für das Niedrigenergiehaus gewährleistet (vergleiche dazu Band 9 dieser Reihe »Wärmedämmung«).

Gleich drei biologische Vorbilder stecken in der Etrich-Taube, einem propellergetriebenen Motorflugzeug von 1910. Dieses Flugzeug ist eine Kombination aus der Flügelform des Zanoniasamens, des Forellenrumpfes und des Taubenschwanzes. So entstehen durch Kombinieren, also durch Verknüpfen von ausgewählten Merkmalen unterschiedlicher biologischer Vorbilder, originelle und raffinierte Lösungen.

Mit den treffenden Worten des Biotechnikers Raoul Francé, die für die heutige Zeit von besonderer Bedeutung sind, endet der Blick auf die Forschungsarbeiten der Vergangenheit:

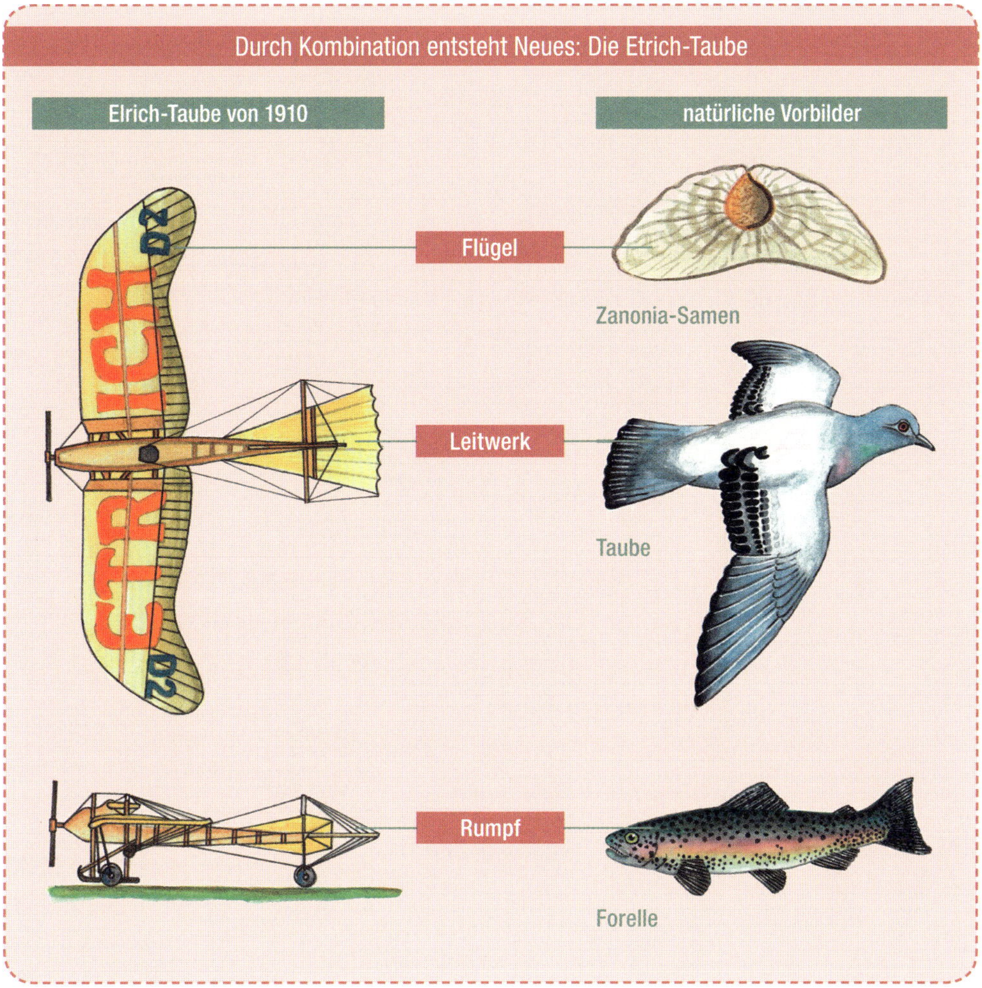

»Der Mensch kann sich der Naturkräfte noch in ganz anderem Maße bemächtigen, wie er es bisher getan hat. Wenn er nur alle Prinzipien anwendet, die der Organismus in seinem Betriebe zur Anwendung gebracht hat, hat er allein auf Jahrhunderte hinaus Beschäftigung für alle seine Kräfte und Talente.«

Wir können also noch viel von den Lebewesen auf unserem Planeten Erde lernen und dabei so manches Interessante abschauen, damit wir auch in Zukunft eine menschengerechtere, wirtschaftlichere und umweltfreundlichere Technik gestalten können.

7 WIE WIRD MAN ZUR BIONIKERIN ODER ZUM BIONIKER?

Bionik – Zukunftstechnologie und Integrationswissenschaft

»Die unberührte Natur gleicht einem magischen Brunnen. Das Reservoir an Wissen und der Nutzungsmöglichkeiten, die sie für uns bereithält, werden umso größer, je mehr wir daraus schöpfen.«
Edward O. Wilson (1929–2021)
US-amerikanischer Biologe und Entomologe

Wenn du Naturwissenschaften, Technik und Informatik interessant findest, hast du vorzügliche Chancen, Bioniker oder Bionikerin zu werden. Diese Chancen lassen sich noch weiter verbessern, wenn man in der Lage ist, komplexe Zusammenhänge schnell zu erfassen und Spaß am Knobeln, Forschen, Entdecken und Erfinden hat. Das Berufsfeld Bionik ist sehr interessant, vielseitig und abwechslungsreich. Bionik kombiniert theoretische mit praktische Denk- und Handlungsweisen.

Als Bioniker oder Bionikerin kann man kreative Fähigkeiten bei den unterschiedlichsten Projekten anwenden und herausfordern. Dabei lässt sich Spannendes in der lebenden Natur entdecken und in Erfindungen umsetzen. Besonders vielversprechend ist dabei die Zusammenarbeit mit Menschen aus

Der Weg zur Bionikerin oder zum Bioniker

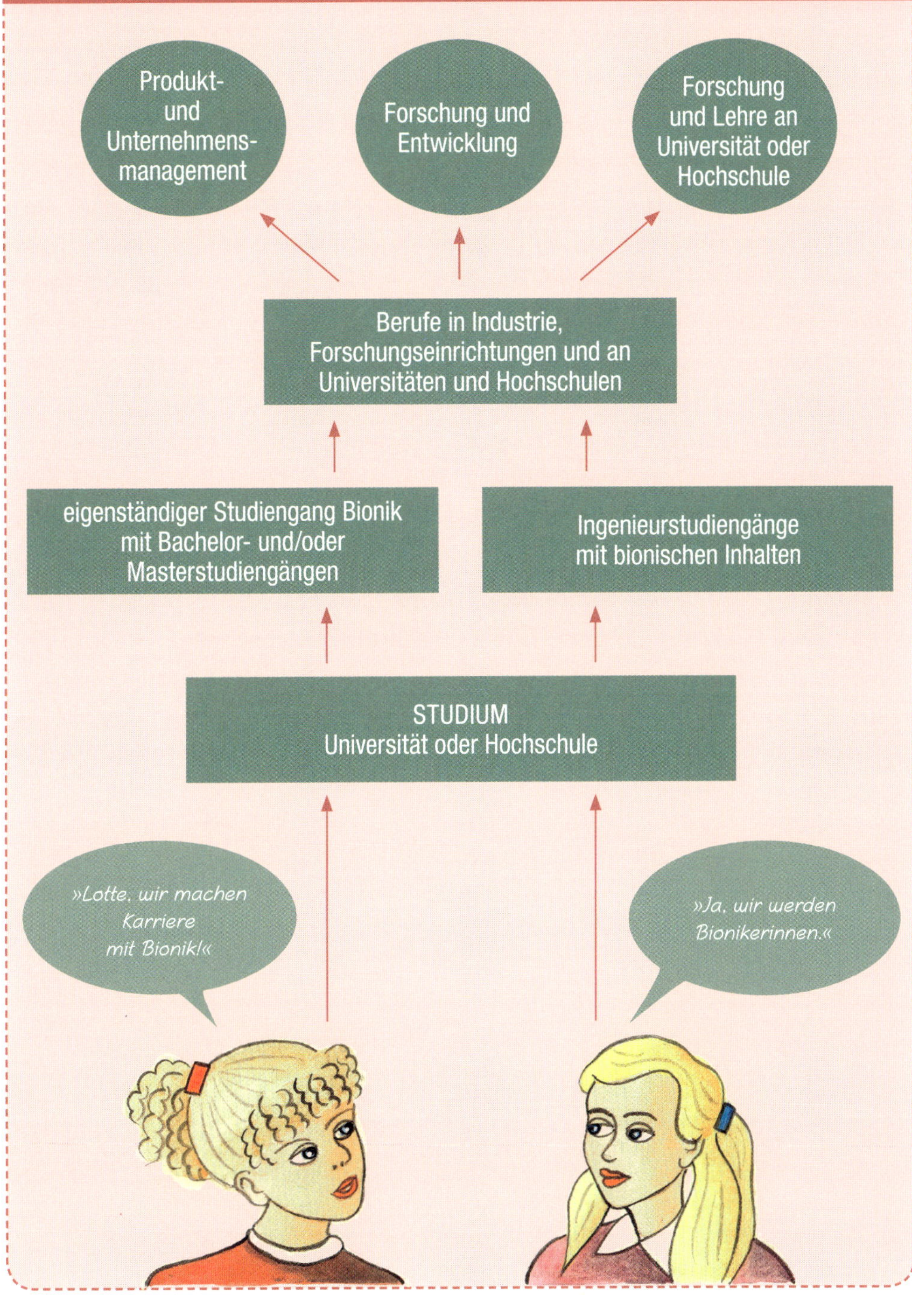

den unterschiedlichsten Fachgebieten. Für die Bionik ist es wichtig, vorhandene technische Lösungen in Frage zu stellen, sich mit dem Erreichten nicht zufriedenzugeben und ständig nach originellen Lösungen für technische Probleme zu suchen. Dabei treten natürlich auch manchmal Schwierigkeiten bei der Umsetzung auf. Deshalb sollte man auch mit Rückschlägen gut umgehen können und Ausdauer sowie Durchsetzungsvermögen entwickeln. Das haben wir bei den zahlreichen, im Buch vorgestellten Forschern und Erfindern gelesen.

Es gibt im Studium zwei Möglichkeiten, sich mit Bionik zu beschäftigen. Einerseits ist die Bionik fester Bestandteil in vielen Ingenieur-Studiengängen. Andererseits besteht natürlich auch die Chance, einen eigenständigen Studiengang Bionik zu belegen. Mit einem Studienabschluss bieten sich viele interessante Berufsmöglichkeiten.

Viele Unternehmen sind besonders interessiert an solchen Berufseinsteigern, die über fächerübergreifendes Denken verfügen und ihre Kreativität im Team einbringen können. In der Industrie gibt es Angebote im Produkt- und Unternehmensmanagement, wie beispielsweise in den Bereichen Luft- und Raumfahrt, Schiff- und Fahrzeugbau, Biomedizin und Materialwirtschaft. Es ist natürlich auch möglich, an Universitäten und Hochschulen in Lehre und Forschung zu arbeiten, wenn man über einen erfolgreichen Studienabschluss verfügt. Bionik ist eine begehrte und populäre Zukunfts- und Integrationswissenschaft mit vielen herausfordernden und ansprechenden Inhalten und Projekten.

Danksagung

Für Recherchen und wertvolle Anregungen bei der Anfertigung des Manuskriptes möchte ich meiner Ehefrau Petra Hill danken.

Arbeitsblatt 1: Den richtigen Begriff finden

Für die Lösung des Kreuzworträtsels werden Zunamen von Erfindern gebraucht. Ordne den genannten Erfindungen die entsprechenden Zunamen der Erfinder richtig zu, dann entsteht in der markierten Spalte der gesuchte Begriff.

Erfindungen:
1 - Gummi, 2 - Kugelschreiber, 3 - Salzstreuer, 4 - Stacheldraht, 5 - Heißluftballon, 6 - Grubenlampe, 7 - Telefon, 8 - zusammenlegbarer Flugapparat

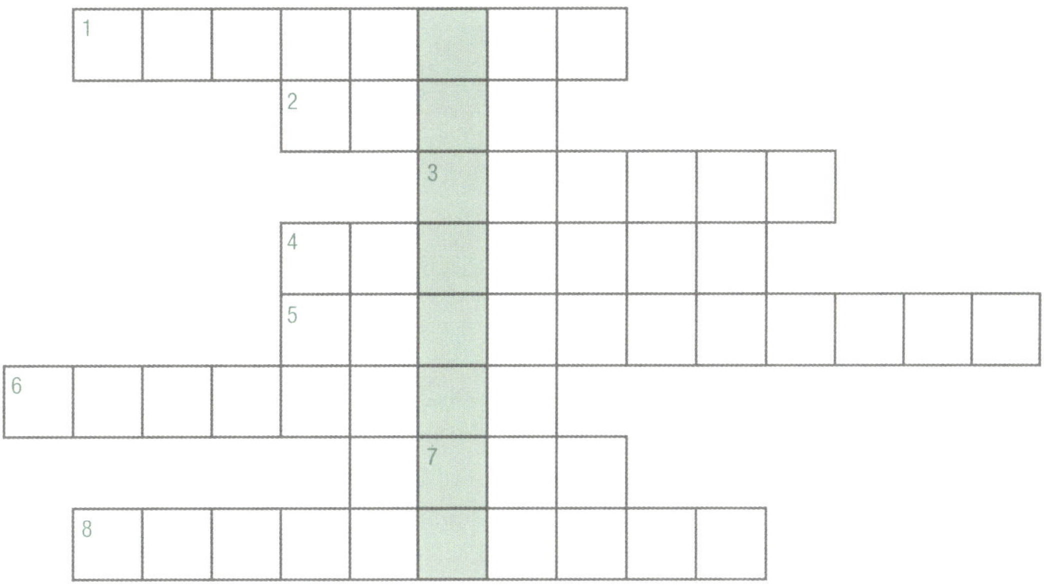

Problemsituation

Medikamente, wie beispielsweise Tabletten, Kapseln, Dragees und Tropfen sind in jedem Haushalt vorhanden und helfen bei Fieber, Schmerzen und anderen Erkrankungen. Doch die bunten Pillen werden von Kindern oft mit Süßigkeiten verwechselt und stellen deshalb für sie eine gefährliche Bedrohung dar.
Die Zahl der Vergiftungsfälle durch Medikamente ist in den letzten Jahren immer weiter gestiegen. Deshalb müssen Medikamente in Verpackungsbehältern für Kinder unerreichbar bleiben und sich von Kinderhänden nicht ohne weiteres öffnen lassen. Mit der synektischen Methode sollen originelle technische Lösungen aufgedeckt werden. Als Orientierungsgrundlage dient dazu die nachstehende Schrittfolge.

Schrittfolge zur Synektik – vom Problem zur neuen technischen Lösung

Problem

↓

1 Untersuchen und Klären des Problems

↓

2 Ermitteln von spontanen Lösungsideen

↓

3 Neuformulieren bzw. Verallgemeinern des Problems

↓

4 Bilden von Analogien aus der Natur

↓ Auswählen der treffenden Naturanalogie

5 Bilden von persönlichen Analogien

↓ Auswählen der treffenden Empfindung

6 Bilden von symbolischen Analogien

↓ Auswählen der treffenden symbolischen Analogie

7 Bilden von Analogien aus der Technik

↓ Auswählen der treffenden Technikanalogie

8 Formulieren von Merkmalen des Aufbaus und der Funktion von dem im Schritt 7 genannten techn. Erzeugnissen und übertragen dieser Merkmale auf das Problem. Dabei ableiten und entwickeln techn. Lösungen aus diesen Merkmalen und auswählen der günstigsten Lösung durch bewerten (Bewertungsmethode anwenden).

↓

Neue technische Lösung

Arbeitsblatt 3: Quiz – Vervollständigen

Bei diesem Quiz geht es um das Erfinden. Aus den Buchstaben der richtigen Antworten soll ein Lösungswort gebildet werden, welches im Buch vorkommt.

Hinweis:
Merke dir zu jeder richtigen Antwort den entsprechenden Buchstaben und setze alle in der Kästchenzeile zum gesuchten Lösungswort zusammen.

1. Welche Erfindung stammt von Johannes Gutenberg?
a. Mehrstufenrakete
b. Computer
c. Buchdruck

Trage den 1. Buchstaben der richtigen Antwort in die Lösungszeile ein.

2. Mit welcher Methode lassen sich zielgerichtet und systematisch Lösungen aus der Natur aufdecken?
a. Bewertungsmethode
b. Analogiemethode
c. Kombinationsmethode

Trage den 7. Buchstaben der richtigen Antwort in die Lösungszeile ein.

3. Von welchem Erfinder stammt das Zitat: »Erfinden ist 99 Prozent Transpiration und 1 Prozent Inspiration«?
a. Edison
b. Goodyear
c. Paxton

Trage den 5. Buchstaben der richtigen Antwort in die Lösungszeile ein.

4. Was ist eine Problemlösungsmethode?

a. Vorgehensweise
b. Bauanleitung
c. Vorgabe

Trage den 8. Buchstaben der richtigen Antwort in die Lösungszeile ein.

5. Wie wird eine vereinfachte Darstellung mit symbolischen Elementen genannt?

a. Freihandskizze
b. Bild
c. Prinzipdarstellung

Trage den 3. Buchstaben der richtigen Antwort in die Lösungszeile ein.

6. Mit welcher Methode wird das zu entwickelnde Objekt mit zunächst noch unbekanntem Inhalt dargestellt?

a. Black-Box-Methode
b. W-Fragen-Stern
c. Experiment

Trage den 5. Buchstaben der richtigen Antwort in die Lösungszeile ein.

Lösungswort:

1	2	3	4	5	6

Lösungen

Kreativitätstraining: Ein verstecktes Wort finden, S. 13:
Das Lösungswort lautet »Synektik«.

Kreativitätstraining: Doppelgänger, S. 24:
Die Doppelgänger heißen Frosch und Personenkraftwagen.

Kreativitätstraining: Wort finden, S. 36:
Das Lösungswort lautet »Antenne«.

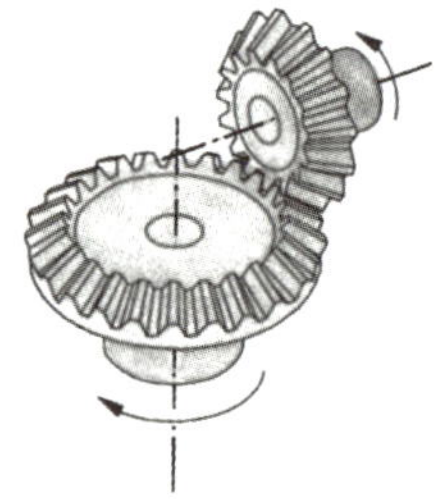

Kreativitätstraining:
Eine geeignete Übertragungsmöglichkeit finden, S. 51:
Lösung: Kegelradgetriebe

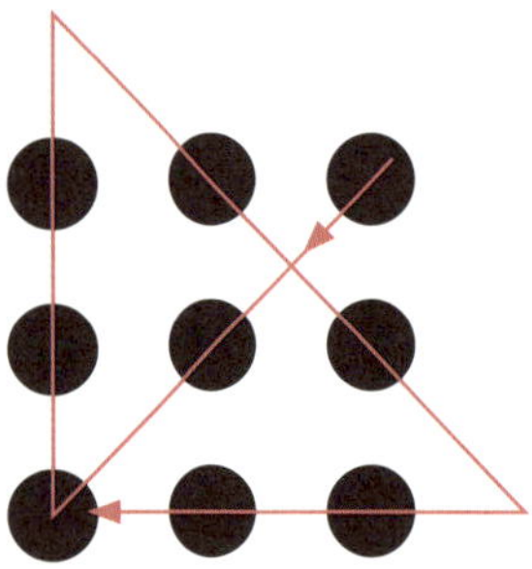

Kreativitätstraining:
9-Punkte-Problem, S. 54:
Die Lösung liegt außerhalb des Quadrates, welches die neun Punkte bilden.

Kreativitätstraining: Lösungswort finden, S. 107
Das Lösungswort lautet »Bionik«.

Arbeitsblatt 1: Den richtigen Begriff finden, S. 113:
Goodyear, Bíró, Francé, Glidden, Montgolfier, Humboldt, Bell, Lilienthal. Der Begriff lautet »Erfinden«.

Arbeitsblatt 2: Erfinden mit der synektischen Methode, S. 114:
Mögliche Lösungsvarianten von Verpackungsbehältern für Medikamente, die sich von Kinderhänden nicht bzw. nur sehr schwer öffnen lassen:

1 Lösung

2 Lösung

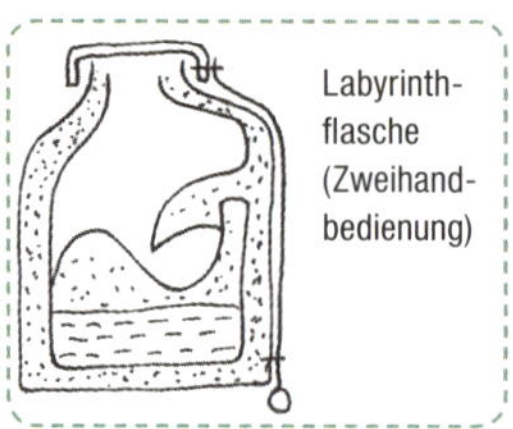

3 Lösung

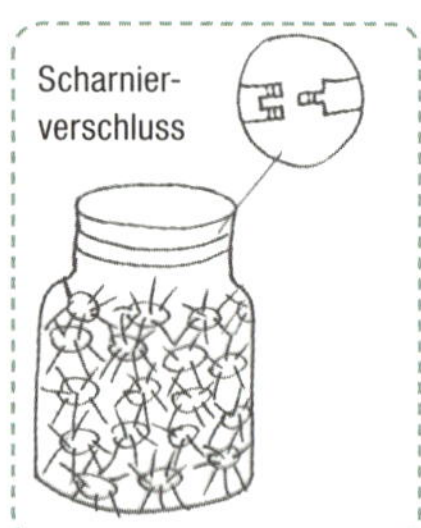

4 technische Lösung

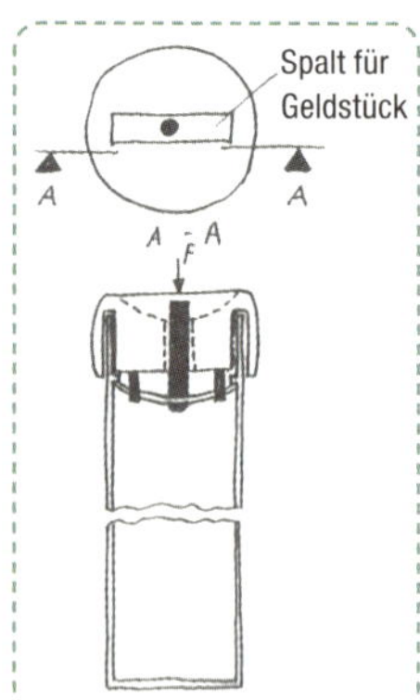

Arbeitsblatt 3: Quiz – Vervollständigen, S. 116:
Das Lösungswort lautet »Bionik«.

Literatur

Francé, R. H. (1920)	Die Pflanze als Erfinder. - Stuttgart: Franckh'sche Verlagshandlung.
Hill, B. (1996)	Erfinden - aber wie? Lehrmaterial für die Didaktik des Technikunterrichtes, Erfurt: Institut für Technische Wissenschaften und Betriebliche Entwicklung (ITB).
Hill, B. (2001)	Der Methodenbaukasten - Ein Kompendium von Methoden zur Erkennung und Lösung technischer Probleme. - Aachen: Shaker Verlag.
Hill, B; Hild, S. (2017)	Bionik in der Schule - Von biologischen Systemen zu technischen Lösungen. - Erfurt: Bildungswerk der Thüringer Wirtschaft e. V.
Jentsch, J. u. a. (1984)	Kleine Enzyklopädie Technik. - Leipzig: Bibliographisches Institut.
Lieckfeld, C.-P.; Straaß, V. (2002)	Mythos Vogel - Geschichte, Legenden, 40 Vogelporträts. - München, Wien, Zürich: BLV Verlagsgesellschaft mbH.
Nachtigall, W. (o.J.)	Bionik - Was ist das?; Was soll das?; Was bringt das?. - Kurzfassung, Lehrmaterial, Saarbrücken: Universität des Saarlandes und Gesellschaft für Technische Biologie und Bionik.
Nachtigall, W. (1997)	Vorbild Natur: Bionik-Design für funktionelles Gestalten. - Berlin, Heidelberg, New York: Springer Verlag.
Schwipps, W. (1988)	Der Mensch fliegt - Lilienthals Flugversuche in historischen Aufnahmen. - Koblenz: Bernhard & Graefe Verlag.

Register

Fett markiert sind die Seiten mit Begriffserläuterungen

bereits erschienen

BIONIK – Die Natur als Ideenschmiede

Der erste Band unserer Sachbuchreihe »Bionik« gibt einen Überblick über die spannende und zukunftsorientierte Wissenschaft Bionik und ihre Anwendung. Er zeigt, wie die lebende Natur als Lösungsquelle für technische Probleme zielgerichtet und systematisch genutzt wird.

ISBN: 978-3-944575-30-8
bionik.knabe-verlag.de

BIONIK – Von Flugfrüchten abgeschaut

Mit Flugfrüchten können aufschlussreiche Experimente durchgeführt werden, um die Prinzipien des Gleit-, Schrauben- und Schirmfluges zu verstehen. Durch die Nutzung von Entdeckungs- und Erfindungsmethoden kann die Kreativität bei der Entwicklung von Flugobjekten nach Naturvorbildern gesteigert werden.

ISBN: 978-3-944575-31-5
bionik.knabe-verlag.de

BIONIK – Leichtbau

Leichtbauprinzipien der Natur zeigen auf eindrucksvolle Weise, wie bei der Verwirklichung von Konstruktionen mit einem Minimum an Biomaterial ein Maximum an Stabilität erreicht werden kann. Vorgestellt werden dabei natürliche Leichtbauprofile sowie interessante Faltprinzipien und ihre Anwendungen.

ISBN: 978-3-944575-32-2
bionik.knabe-verlag.de

BIONIK – Riesenseerose und Kristallpalast

Im Mittelpunkt steht eine Pflanze der Superlative – die Riesenseerose vom Amazonas. Leser erfahren Wissenswertes über dieses botanische Wunder und die unermüdliche Abenteuerlust ihrer Entdecker. Berichtet wird vom Stabilisierungsprinzip der Blätter der Riesenseerose und dessen Umsetzung beim Bau des Londoner Kristallpalastes.

ISBN: 978-3-944575-33-9
bionik.knabe-verlag.de

Frag' die Natur
Naturorientiertes Lernen

bereits erschienen

BIONIK – Schmetterlingen abgeschaut

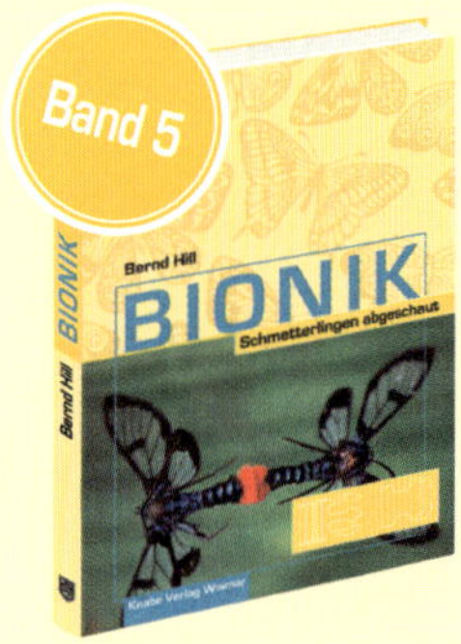

Schmetterlinge sind wahre Überlebenskünstler, die viele Millionen Jahre lang allen ökologischen Veränderungen auf unserer Erde trotzten. Da es ihnen stets gelang, sich anzupassen, sind sie mit ihren interessanten Mechanismen zum Vorbild für allerlei Erfindungen des Menschen geworden.

ISBN: 978-3-944575-34-6
bionik.knabe-verlag.de

BIONIK – Vom Fliegen

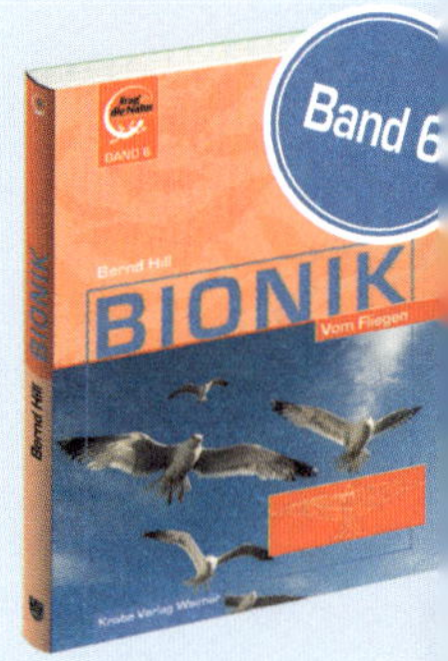

Der Traum des Menschen, sich den Vögeln gleich in die Lüfte zu erheben, hat sich mit der Erfindung des Flugzeuges verwirklicht. Dabei haben sich die Erfinder stets am Flug der Vögel und der vielen anderen flugfähigen Lebewesen orientiert. Auf diese Weise konnten sie wichtige Prinzipien entdecken und die gewonnenen Erkenntnisse bei der Entwicklung von Flugobjekten umsetzen.

ISBN: 978-3-944575-35-3
bionik.knabe-verlag.de

BIONIK – Schätze aus dem Tropenwald

Unsere Regenwälder sind eine wahre »Schatzkiste des Lebendigen«. Kein Wunder, dass Ingenieure, Architekten, Ökologen und Pharmakologen in dieser reich gefüllten Schatztruhe nach genialen Erfindungen und raffinierten Tricks der Natur suchen. Im siebten Band der Reihe werden Bedeutung, Schutz und vielfältige Nutzungsmöglichkeiten des Tropenwaldes aufgezeigt.

ISBN: 978-3-944575-36-0
bionik.knabe-verlag.de

BIONIK – Schwimmen und Tauchen

Schwimmen und Tauchen sind wichtige Bestandteile der Bewegungsbionik. Der achte Band unserer Sachbuchreihe »Bionik« führt anschaulich in diese Fortbewegungsmöglichkeiten im Wasser ein. Im Mittelpunkt stehen dabei historische Betrachtungen, physikalische Grundlagen und interessante biologische und technische Sachverhalte.

ISBN: 978-3-944575-37-7
bionik.knabe-verlag.de

bereits erschienen

BIONIK – Wärmedämmung

Lebewesen sind von ihren Umgebungstemperaturen abhängig und benötigen für ihre Körperfunktionen bestimmte Vorzugstemperaturen. Sei es das Fell der Säugetiere, das Federkleid der Vögel oder die Kleidung des Menschen – die Wärmedämmung hat eine wichtige »Überlebensfunktion«.

ISBN: 978-3-944575-38-4
bionik.knabe-verlag.de

BIONIK – Seil- und Netzkonstruktionen

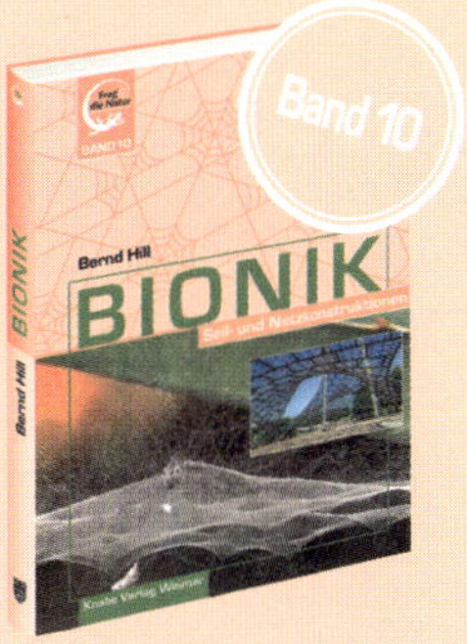

Spinnen sind faszinierende Lebewesen: Ihre bizarren Netzkonstruktionen versetzen uns in Erstaunen. Sie sind nicht nur raffiniert gebaut, sondern zeichnen sich durch äußerste Festigkeit und Elastizität aus. Kein Wunder, dass sich der Mensch für die Entwicklung technischer Konstruktionen seit jeher an diesen Netzgebilden orientiert.

ISBN: 978-3-944575-39-1
bionik.knabe-verlag.de

BIONIK – Klimatisierung und Lüftung

Viele interessante Anregungen sind in den Bauten von Tieren zu finden, die raffinierte Lösungen zur Klimatechnik aufweisen. Anhand der Leitlinie »Biologische Phänomene zu natürlichen Klimaanlagen entdecken und nach ihnen technische Lösungen zu erfinden«, werden viele solcher Lösungen aus dem Tierreich in dem vorliegenden Band anschaulich dargestellt.

ISBN: 978-3-944575-40-7
bionik.knabe-verlag.de

BIONIK – Schönheit der Natur

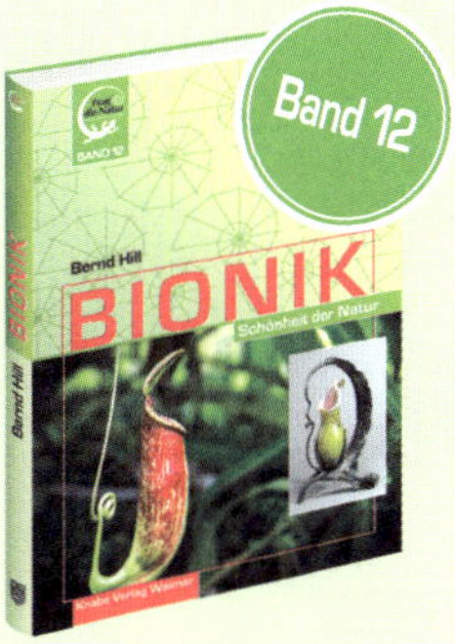

Beim Betrachten bunt schillernder Schmetterlinge, farbenprächtiger Blüten von unübersehbarer Formenfülle und filigran geformter Kieselalgen erleben wir die überwältigende Schönheit der lebenden Natur. Dieser Band zeigt anschaulich viele solcher Formen und Muster an Beispielen auf und gibt Hinweise zu Nutzungsmöglichkeiten des Naturdesigns.

ISBN: 978-3-944575-41-4
bionik.knabe-verlag.de

Frag' die Natur – Naturorientiertes Lernen

bereits erschienen

BIONIK – Tarnen und Täuschen

Überall in der lebenden Natur wird getrickst, gedroht, getarnt und versteckt, um zu überleben. Viele Tiere und Pflanzen sind regelrechte Meister der Tarnung und Täuschung. Es gibt Pflanzen, die wie Tiere aussehen, und umgekehrt Tiere, welche die Gestalt und Farbe von Pflanzen annehmen.

ISBN: 978-3-944575-42-1
bionik.knabe-verlag.de

BIONIK – Wettrüsten der Sinne

Im Laufe der Evolution sind bei Pflanzen und Tieren trickreiche und raffinierte Strategien entstanden, die sie vor Fressfeinden schützen. Für das bessere Aufspüren von Beutetieren haben sich bei Fressfeinden aber genauso ausgeklügelte Sinne entwickelt. Man kann also sagen, dass das Herausbilden von Überlebensstrategien einem »Wettrüsten« der Evolution ähnelt.

ISBN: 978-3-944575-43-8
bionik.knabe-verlag.de

BIONIK – Arznei und Kosmetik

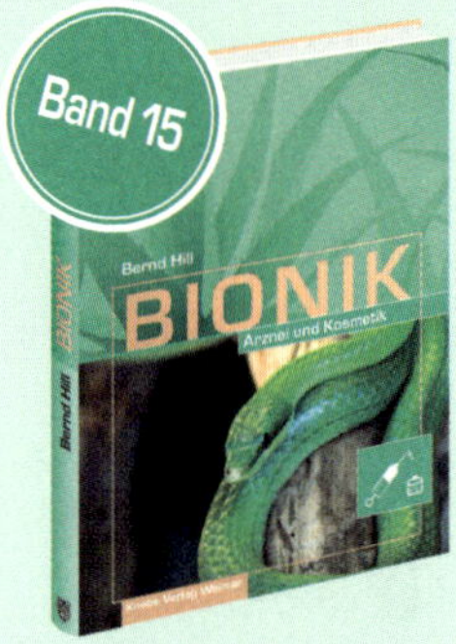

Medikamente gegen Krankheiten wollen Pharmaforscher aus Tieren und Pflanzen gewinnen. Die Kosmetikindustrie lernt ebenfalls von der Natur und setzt auf die Quelle tropischer Regenwälder. Dieser Band berichtet über diese und noch viele andere interessante Vorbilder aus der Natur, die sich in Medizinprodukten und Kosmetikartikeln wiederfinden.

ISBN: 978-3-944575-44-5
bionik.knabe-verlag.de

BIONIK – Verpacken

Verpackungen von Lebensmitteln und anderen Konsumgütern aus verschiedensten Materialien begegnen uns im Alltag in vielfältigen Formen. Die lebende Natur zeigt uns jedoch Wege, Verpackungen umweltgerecht zu gestalten. Wie man von den Verpackungsmöglichkeiten und -strategien der Natur lernen kann, wird in diesem Band veranschaulicht.

ISBN: 978-3-944575-45-2
bionik.knabe-verlag.de

Frag' die Natur
Naturorientiertes Lernen

bereits erschienen

BIONIK – Roboter und Prothesen

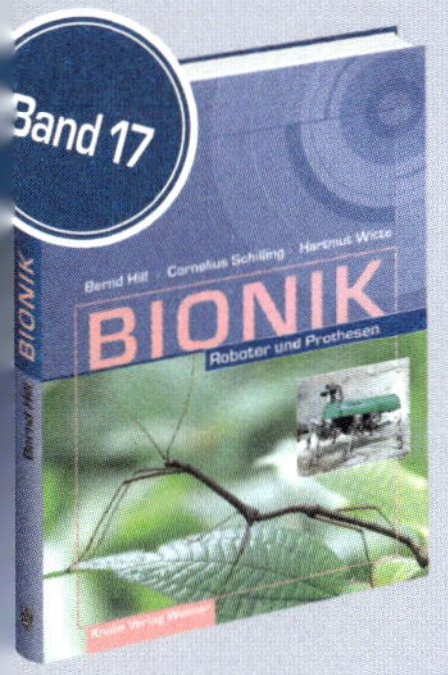

Schon seit langer Zeit träumt der Mensch davon, Roboter nach seinem Ebenbild zu entwickeln. Dieser Band gibt einen anschaulichen Überblick über die Vielfalt und Einsatzmöglichkeiten von Robotern und Prothesen. Es wird aufgezeigt, wie Roboter nach Vorbildern aus der Natur entwickelt werden und was man über ihren grundlegenden Aufbau und ihre Funktionen wissen sollte.

ISBN: 978-3-944575-46-9
bionik.knabe-verlag.de

BIONIK – Bionik in Wald und Flur

Bei Streifzügen und Entdeckungsreisen durch Wälder, über Wiesen und sogar durch unsere Gärten erleben wir die Vielfalt und den Formenreichtum der dort lebenden Pflanzen und Tiere. Wer sich mit offenen Sinnen in der Natur umschaut und dort nach Lösungen für technische Probleme sucht, findet eine reichhaltige Quelle an übertragbaren Mustern, Formen und Organen.

ISBN: 978-3-944575-47-6
bionik.knabe-verlag.de

BIONIK – Evolution in Natur und Technik

In diesem Band werden wichtige Erkenntnisse über die Evolution in Natur und Technik an zahlreichen Beispielen vorgestellt. Wir begleiten den Begründer der Evolutionstheorie, Charles Darwin, auf seiner fünfjährigen Weltreise mit dem Forschungsschiff »Beagle«. Dabei sammelte er Einblicke und Erfahrungen, die zur Ausarbeitung seiner Theorie über die Veränderlichkeit der Tier- und Pflanzenwelt wichtig waren. Es sind aber nicht nur die Lebewesen im Laufe der Evolution Veränderungen unterworfen, sondern auch die menschliche Technik. Deren Entwicklung beruht auf den kreativen Tätigkeiten des Menschen: Entdecken und Erfinden.

ISBN: 978-3-944575-48-3
bionik.knabe-verlag.de

Notizen